食生活の中の野菜

ー料理レシピと家計からみたその歴史と役割ー

施山紀男 著

養賢堂

はじめに

　ほとんどの野菜はエネルギーやタンパク質の主要な供給源でないので，生命の維持という食事の最も基本的な目的からみるとその役割は大きくないが，ビタミン，ミネラル，食物繊維などの栄養素の供給源であり，最近では野菜の生理機能性といった成分が注目されている．料理においては種々の副食物の素材として，あるいは魚や肉類の料理の付け合わせに用いられる．薬味や調味料・香辛料として，あるいは妻物など料理の飾りとして広く利用される．そのような理由からか，野菜は農産物の中では消費者の関心を集め，マスコミの話題に上がることが多い．そして時にはマイナスイメージで取り上げられることもある．例えば，高度経済成長期には「物価上昇の元凶」の1つとみなされ，価格を安定させるために大量生産・大量流通の体制が整い，野菜が規格化すると，「野菜がいつでもどこでも同じになり，個性がなくなり，画一化した」といわれた．また，施設栽培が盛んになり野菜が周年的に出回るようになると，「旬がなくなり，栄養価が下がってまずくなった」ともいわれた．さらには「農薬に汚染された危ない野菜が流通している」との危惧もしばしば現れた．現在では安全・安心や健康への効果が話題になることが多い．このように野菜は生活必需品であり，栄養源として健康の維持・増進に不可欠な食品であるというイメージが強いためか，価格や食味，栄養価，安全性に人々は特に敏感に反応するように思われる．

　日本の近代化が始まった明治時代から大正時代，15年戦争と戦後の復興期，量的に拡大した高度経済成長期，オイルショック以後の高品質化の時代，そして，「飽食」のバブル期を経て，デフレ下の経済不況の現在までの間に野菜は大きな変化を遂げてきた．明治政府によって外国から新しい野菜が導入されたことに始まり，その後現在までいく度か「新野菜」の波があり，種類が増えてきた．品種改良や栽培技術の進歩により，野菜の色彩，形，味，栄養分が変わり，野菜の出回り時期も大きく広がり，ほとんどの野菜が年間を通じて流通するようになった．明治時代以降現在までの間に日本人の食生活は大きく変化してきたが，特に高度経済成長期以降現在までの変り様は世界史上類がないといわれ

る．そして食生活の変化と平行して，野菜も種類だけでなくその調理法も変化し，多様化してきた．

　このような野菜の変化は生産から流通・加工，販売，消費までの各段階の変化によって引き起こされたものであるが，そのうち最も決定的な動因は，最終実需者である消費者の需要すなわち消費動向であり，その根底にあるのは食生活の変化であった．少子高齢化やデフレ状態の経済状況の中でこれから野菜の消費はどのように変わっていくのだろうか．また，今回の東日本大震災はこれからの日本人のライフスタイルや消費行動に大きな影響を及ぼすことが考えられる．そこで，料理や家計を中心に食生活の中の位置付けや役割の視点から野菜の変化を振り返り，これからの野菜について考えることにしたい．

著　者

目次

はじめに…iii

第Ⅰ部　食生活と野菜の変化（総論）…1

第1章　日本の食生活と野菜の特徴…2
1. 食生活における野菜の役割…2
2. 日本の食生活の特徴と近代化…3
   (1) 伝統的日本料理の特徴…3
   (2) 食生活の近代化…4
3. 日本の野菜の特徴…5

第2章　野菜発達概史…8
1. 野菜の渡来時期と江戸時代以前まで…8
2. 江戸時代…9
3. 明治時代から終戦まで…10
   (1) 生産と流通の変化…10
   (2) 生産技術の発達…13
   1) 品種…13
   2) 栽培技術…13
4. 終戦から高度経済成長期，バブル崩壊以降現在まで…14
   (1) 生産と流通の変化…14
   1) 戦後復興期…14
   2) 高度経済成長期：量的拡大の時代…15
   3) 安定成長期からバブル崩壊まで：高品質化の時代…17
   4) バブル崩壊から現在まで：価格・消費の低迷と輸入拡大の時代…19
   (2) 生産技術の発達…19
   1) 品種…20
   2) 栽培技術…20
   3) 作型の分化と周年生産…21
   4) 安全安心と消費動向に応える技術開発…21

第3章　料理書の中の野菜…24
1. 検討に当たっての時代区分…24
2. 江戸時代…25
3. 明治から大正時代まで…28
4. 大正時代末・昭和初めから戦中・戦後〜高度経済成長が始まるまで…33
   (1) 大正末・昭和初めから終戦まで…33
   (2) 戦後〜高度経済成長が始まるまで（1945-1957年）…38
5. 「NHKきょうの料理」にみる高度経済成長期以降の野菜の変化…40
   (1) 「きょうの料理」にみる食生活の変遷…41

(2) 野菜の変化…46
第4章 家計の中の野菜 ～高度経済成長の始まりから現在まで～…50
1. 家計調査報告にみる食生活の変化…50
2. 野菜消費の変化…52
   (1) 購入額・購入量の推移…52
   (2) 家庭で購入される野菜の変化…53
第5章 料理書と家計からみた野菜の「旬」と消費の季節性…58
1. 野菜の旬と初ものと料理書の中の野菜の季節性…58
2. 家計からみた野菜消費の季節性…60
3. 国際化の中の野菜の季節性…64
4. 旬・季節性の将来…65
第6章 食生活の中の野菜の役割と適応 ～第Ⅰ部のまとめ～…68
1. 食生活に果たしてきた野菜の役割…68
2. 変容する食生活への野菜の適応…69
   (1) 品種の単一化…70
   (2) 品種の転換…71
   (3) 多様化…71
   (4) サラダへの適応…72

第Ⅱ部 個別の野菜が果たしてきた役割と食生活への適応（各論）…75
第1章 日本の伝統的な食生活の発展を担ってきた野菜…76
1. 最も日本的な野菜：ダイコン…76
2. 伝統的な果菜類：ナス…79
3. 生食用中心に転換して食生活の変化に適応した野菜：キュウリ…81
4. 品種の転換と栄養価で需要を拡大したホウレンソウ…85
5. 多様な用途のネギ…87
6. 伝統的根菜類：サトイモ，カブ，ゴボウ…89
   (1) サトイモ…89
   (2) カブ…90
   (3) ゴボウ…92
7. 伝統野菜ツケナ類と遅く登場してツケナから主要野菜に昇格したハクサイ…93
   (1) ツケナ類…93
   (2) ハクサイ…94
第2章 明治以降の食生活の発展を担ってきた野菜…98
1. 新しい葉菜：キャベツ…98
2. 洋食から和食まで汎用性の広いタマネギ…100
3. 品種の転換によって食生活への適応性を広げたニンジン

…103
4. 昭和以降になって普及した洋菜第2世代：トマト…105
　(1) 導入初期の普及状況と利用…105
　(2) 日本のトマトを特徴づけた事情…108
　(3) 戦後の発展（高度経済成長期）…109
　(4) 高品質化と多様化（安定成長期からバブル隆盛期）…110
　(5) 現状と将来…112

第3章　高度経済成長以降の洋風化を象徴する洋菜類第3世代…114
1. ピーマン…114
2. レタス類…119
3. カリフラワー，ブロッコリー…121
4. アスパラガス，セルリー…123

第4章　食生活の多様化と本物志向を象徴する野菜…126
1. 本物志向の野菜…126
　(1) 中国野菜…126
　(2) 第4世代の洋菜類…127
2. 多様化の中の新野菜…127
　(1) 韓国料理とエスニック料理の野菜…127
　(2) スプラウト類…128

3. 地方野菜の衰退と復活…130
　(1) 地方野菜から全国区になった野菜…130
　(2) 地方の食生活と結びついた郷土料理の中で消費されている野菜…130
　(3) 地域の特産品として高度に商品化した地方野菜…131
　(4) 衰退，消滅あるいは復活しつつある特産野菜…131

第5章　食生活の指標：香辛・調味野菜…134

第6章　デザート野菜の発展：メロン，スイカ，イチゴ…138
1. メロン…138
2. スイカ…139
3. イチゴ…139
4. デザート野菜の消費動向…140

第Ⅲ部　まとめ　～過去から現在，そして未来へ～…143

第1章　日本人の感性が創りだした日本の野菜…144
1. 何が野菜を変えてきたか…144
2. 食生活の変化によって形成された日本の野菜の特徴…145
　(1) 見た目の美しさ…145
　(2) 野菜のおいしさへのこだわり…146
　(3) 周年消費と季節性の重視…

146
　(4) 日本人の外国料理への受容能力の高さに基づく多様な野菜…146

第2章　これからの野菜…148
　1. これからの消費動向…148
　2. 国際化の中の日本の野菜　〜ガラパゴス化か，世界標準か〜…149
　3. 食生活の変化と野菜　〜野菜を健全な食生活に位置づけるために〜…150
　4. 野菜消費の減少について考える…151

おわりに…154
参考文献…156
調査した料理書と資料…159
索引…163

第Ⅰ部　食生活と野菜の変化（総論）

第1章　日本の食生活と野菜の特徴

1. 食生活における野菜の役割

　中尾（1976）は食事の中の野菜の役割について次のように述べている．「人間は穀類，いも，豆，果実，肉，魚，乳製品のいずれを主食としても生きられるが，野菜を主食としては生きられない動物である．原始的な文明段階では野菜は野生のものの採集で十分用が足りた．野菜栽培の発達は文化・文明の程度が高くなった社会で初めて起こるものである」．また，「蔬菜食を特徴とする日本でも，食事として注意が払われるのは，魚や肉が中心で，蔬菜（注1）はあるのが当然といった程度でないだろうか．ごちそうの中心は魚か肉で蔬菜が中心になることはめったにない」と指摘している．このように野菜の食事における地位は必ずしも高くない．そして，野菜が発達したのは文明の遅い段階からであった．

　日本の伝統的な食事は，主食と一汁一菜が基本とされている．菜食中心の日本の食事ではこの一汁と一菜に野菜が主要な食材として頻繁に用いられ，副食物としての役割は広い．ところが食生活における野菜の役割は歴史的には大きく変化してきた．かつてはサトイモ等のイモ類や一部の葉根菜類，果菜類には主食ないしその補完，あるいは増量材としての役割があった．例えば，サトイモやカブは水田稲作より古い歴史をもつとされる焼畑の主作物であり，主食に近い役割があった．弥生時代以降，水田稲作が農業の中心になってからも，米，麦，雑穀などの主食の増量材として，ダイコン，カブ，イモ類が準主食的に用いられた．江戸時代には年貢の中心が米であったことから，平地の米作中心の農村地帯でも，これらの野菜が主食の増量材として，あるいは救荒作物として用いられた．明治時代になっても米が農家の主要な換金作物であったため，稲作農家でさえハレの日など特別の日を除いて，日々の食事は雑穀や，麦，イモ類，あるいはダイコンなどの入った「かて（糧）飯」であった．大正時代末から昭和初期の各地の食生活を記録した「日本の食生活全集」をみると，当時，主食が米100％であったのは東京，大阪などの大都市と，その他のごく一部の地

域に過ぎない．米があまねく日本人の主食になったのは第2次世界大戦時の配給制度が契機とされているが，民俗学者の宮本常一は戦後でも半島や離島では粟や稗が主食のところも多かったと述べている．戦中・戦後の食料不足の時代には，サツマイモやカボチャが米の代用食になっていたので，全国的に野菜から主食や準主食としての役割がほぼ完全に無くなったのは，1960年代に始まる高度経済成長期の直前ということになり，歴史的にはごく最近の出来事である．

現在，副食物の材料としての野菜の用途は広く，日本料理では煮物，お浸し，和え物，漬物などのおかず，主食の混ぜ物（ちらしずしや炊き込みご飯など），みそ汁や吸い物，鍋物など汁物の具，料理の付け合わせ，香辛料・調味料，料理の飾り（妻物）として，西洋料理ではサラダなどの前菜から，料理の素材としてやメインディッシュの付け合わせ，調味料・香辛料として用いられる．またスイカ，メロン，イチゴといった果菜類はデザートとして食されている．

（注1）蔬菜：野菜のこと．蔬も菜も「なっぱ」の意味であるが，蔬には「粗末な」の意味もあることから，食事での評価は昔から低かったことが分かる．

2．日本の食生活の特徴と近代化

(1) 伝統的日本料理の特徴

日本料理の基盤は室町時代までに形成され，江戸時代に完成したといわれている．料理や食文化に関する文献や料理書などから次のような日本料理の特徴を挙げることができる．①見た目の美しさを重視すること，②素材の味を活かすために，素材の数は少なく，味付けが単純で，薄く，スパイスや香辛料の利用が少ない，③短時間で作る，④肉，乳製品を欠き，油脂の利用が少なく，菜食主義である，⑤季節を重んじる，などである．

このような特徴は気象条件などわが国の風土の影響を受けて形成された．和辻（1979）は，「食物の生産に最も関係が深いのは風土であり，牧畜より漁業が主になったのは，獣肉か魚肉どちらを好むかではなく，肉食より菜食を決定したのはイデオロギーではなく，風土による」と述べている．わが国は新鮮な魚介類や野菜が多く産出し，素材に調味料を加えて味を変えるとか，あるいは新

しい味を作り出す必要がなかった．すなわち，石毛（1982）は「伝統的な日本の料理に関する思想では，食品に加えるべき技術は最低限にとどめ，なるべく自然に近い状態で食べるべきである，ということが強調される」と述べ，「日本人は刺身を最も洗練された食物であると考えており，この単純きわまりない料理の中に，日本人がいだいている食物に関する観念や伝統のいくつかを読みとることが可能である」と述べている．

近隣の中国や朝鮮半島の食事には主食と副食物があること，主食が米であること，野菜など多くの食材が共通すること，食事にはしを使うことなど食生活に共通する部分が多い．しかしわが国には油脂と獣肉，香辛料が少なく，素材を重視する点で大きく異なり，世界的に特異であるとされている．

（2） 食生活の近代化

ところが日本人の食卓に登場する料理の種類は明治以降，高度経済成長期を経て大きく変化してきた．料理は地域性，伝統性が強いが，他方絶えず変化し，可塑性，普遍性の強いものでもあるとされている．西洋文明を取り入れた当初の幕末から明治の初期にかけての新しい食材である肉の料理法は牛鍋やすき焼きといった味噌や醬油を使って煮るという伝統的な料理法であり，これが，当時の受け入れやすい肉の料理法であった．その後，明治時代から昭和にかけてトンカツ，カレーライス，コロッケといった日本風にアレンジされた西洋料理，つまり「洋食」が普及した．そして，戦後になって西洋料理や中華料理が一般化した．このような食生活の変化について石毛（1982）は，「日本人は近代の世界文明に接触した結果，食生活に新しい要素を取り入れて食生活を変えてしまった民族で，例えば日本の伝統的な料理は肉食と油脂を欠いているという問題を含んでいたため，この空白を埋めるものとして洋食と中華を受け入れた」とみている．現在の日本には西洋料理や中華料理だけでなく，韓国料理，東南アジアなどのエスニック料理まであり，石毛のいう「無国籍ともみられる状態」に至っている．そして，石毛は従来家庭を単位として行われていた食生活が外部の社会への依存度が肥大する「食の社会的依存化現象」の傾向が強く現れていることを指摘し，「ハレの食事が日常化し，洋風のハンバーガー，にぎり鮨などのファーストフードが一般化し，母から娘への料理技術の伝承が少なくなり，社会的なメディアであるテレビや雑誌の影響が強まり，料理の省力化とともに

趣味化し，採取的から享楽型へと移行している」と述べている．

また，朝倉（1994）は「日本社会は外来の食の受容においては，極めて融通性が高く，日本式にアレンジする力が強い．そして，アレンジした上で改めて本場のものを受容する傾向がある．したがって，極めて日本的に変容したものと，本場のものという，2つの顔をみることができる．例えば，カレーライスについて，最初は本国インドのものと違った和風にアレンジされたものが導入され，それが定着すると，本場のコックを呼んだり，本場で修行を積んだ料理人を雇ったレストランがオープンして，本式も入れてしまう」と述べている．このような二段階の文化受容の法則は「カレーライスの法則」と呼ばれるという．そして，この「カレーライスの法則」は野菜でもみることができる．

3. 日本の野菜の特徴

食生活と同様に現在の日本の野菜にも海外と比べていくつかの際立った特徴を挙げることができる．例えば，①日本の野菜は外観が揃って美しいが，反面，キュウリの白いぼ（注2）やブルームレス（注3），青首ダイコン（注4），トマトのピンクの果色（注5）など世界に例のないほど外観が重視される．②トマトに留まらず，キャベツ，ニンジンの甘味や糖分が話題になるなど生の野菜の味が重視される，③日本の気候風土の中で生産技術を駆使して周年的に新鮮な野菜が供給されている，④外国文明を取り入れていった中で多くの野菜が渡来し，外国の料理が取り入れられてきたので，世界各地の野菜が利用され，種類が多い，などである．

これらの特徴の多くは上述のような日本人の食生活（嗜好）に沿って野菜もまた独自の進化を遂げてきた結果である．それでは食生活とどのようにかかわりあって日本の野菜が形成されてきたのか，さらに詳しくみていきたい．

（注2）白いぼ：キュウリの果実の表面にある突起を「いぼ」と呼ぶが，その先端部が白い品種と黒い品種があり，白い品種を「白いぼキュウリ」と呼ぶ．
（注3）ブルームレス：キュウリの果実の表面に生じるケイ素を主成分とする白く粉をふいたような果粉をブルームと呼ぶ．消費者に農薬の残留と誤解され

る恐れがあるので，現在のキュウリはブルームが発生しない特性の台木に接ぎ木して生産したブルームのない「ブルームレス」の果実が流通している．

（注4）青首ダイコン：肥大根の上部が緑色を帯びているダイコン．

（注5）トマトの果色：赤色系のトマトには果実の表面が桃色と赤色の品種がある．両者の違いは前者では表皮が透明で，後者は表皮が赤褐色であることによる．表皮1枚の違いだけであるが，日本の青果用の大果系のトマトは全て桃色である．

第2章　野菜発達概史

　食生活の中の野菜を考える前に，まずは野菜の生産・流通と品種・栽培技術の歴史を社会・経済的背景とともに簡単に整理しておきたい．

1. 野菜の渡来時期と江戸時代以前まで

　表Ⅰ-2-1に示すようにほとんどの野菜は外国起源で，有史以前から現代に至るまでの間に渡来し，時代とともに種類が増えてきた．そして，植物としては明治以前に渡来しているが，食用としての利用は明治時代以降に始まった野菜も多い．例えば，キャベツ類は江戸時代に既に渡来しているが，野菜としては普及せず，葉ボタンとして観賞用に発達し，野菜として普及したのは明治政府が結球キャベツの品種を導入してからである．

　小柳（1971），青葉（1991）などによると，江戸時代以前の野菜の生産，流通，消費の動向はおよそ次のような状況であった．奈良時代から平安時代に宮廷では宮内省の園地司と内膳司がそれぞれ野菜の栽培と調理に当たっており，諸国からの貢物の中に野菜が含まれていた（延喜式（927））．このように宮廷や支配

表Ⅰ-2-1　野菜の渡来時期（青葉 1982, 1983及び山川 2003などから作成）

日本起源	ウド，セリ，フキ，ミツバ，ミョウガ，ワサビなど
10世紀以前に導入	シロウリ，マクワウリ，ユウガオ，ナス，ネギ，ダイコン，カブ，サトイモ，ショウガ，ヤマノイモ，キュウリ，トウガン，ササゲ，ツケナ類，ちしゃ（レタス），シソ，エダマメ，ニラ
10〜14世紀に導入（ほぼ戦国時代まで）	カラシナ，ゴボウ，ワケギ，ニンニク，レンコン
15〜18世紀に導入	スイカ，日本カボチャ，ヘチマ，ニガウリ，トウガラシ，エンドウ，ソラマメ，インゲン，ホウレンソウ，フダンソウ，シュンギク，ニンジン，タケノコ，トマト，エンダイブ，アスパラガス
19世紀以降導入	メロン類，西洋カボチャ，ピーマン，オクラ，スイートコーン，イチゴ，ハクサイ，キャベツ，カリフラワー，ブロッコリー，メキャベツ，コールラビ，レタス，チコリ，セルリー，パセリ，タマネギ，リーキ，モロヘイヤ

者向けの野菜はあったが，一般には山野から採取して食べる程度であった．その後次第に山野のものを採取することは少なくなるが，野菜が商品として流通するには生産力が上昇して余剰生産物が生じることと，消費する市場である都市が形成される必要があった．しかし，中世の都市の需要者である商工業者は半農的な性格をもっていたので，野菜の商品化はなかなか進まなかったとされる．中世後半の室町時代前期になると醍醐のウドや近江のウリといった産地が現れ（「庭訓往来」（1394～1427）），「尺素往来」によると室町時代中期に商品としての野菜が現れた．したがって，野菜が換金作物になったのは室町時代後期の16世紀からとされている．その後，江戸時代初期の「毛吹草」（1638）には山城，大和，河内，和泉，摂津などの各地の特産野菜が記載され，野菜の商品化が一層進んだことがうかがわれる．そしてちょうどこの時期にわが国最初の料理書「料理物語（1644）」が出版されている．

2．江戸時代

杉山（1995，1998）は農書を基に江戸時代の野菜の品種分化と栽培技術について次のようにまとめている．それによると，表Ⅰ-2-2に示すように江戸時代にはナス，ダイコン，カブ，ツケナ，サトイモで既に多くの品種が分化していた．栽培技術については，育苗による移植栽培はナス，トウガラシ，ちしゃ（レタス），ネギと種類は少なく，その他は直播か直植えであった．また，ダイコン

表Ⅰ-2-2　江戸時代の野菜の品種分化（杉山 1995 より作成）

	品種分化	その他
キュウリ	あまり分化せず	
スイカ	品種が少ない	
マクワウリ	あり	
シロウリ	あり	
ナス	色，形の多様な品種が分化	
ツケナ類	コマツナ，ミズナなどが分化	
カブ	多数の地方品種が分化	
ダイコン	多数の地方品種が分化	作型が分化
ゴボウ	各地に品種が分化	
ニンジン	あまり分化せず	栽培は多くない
サトイモ	多数の品種が分化	

は収穫時期によって秋ダイコン，春ダイコン，夏ダイコン，春播き栽培といった作型（注1）が江戸時代中期には成立し，品種を変えて周年的に栽培されていたが，その他の野菜でははっきりした作型は分化していなかったようである．ただし，初ものが尊ばれ，早出し栽培が盛んになった．早出しは慶長年間（1596～1614）に三保で始まり，その後江戸，京，大坂，尾張地方でも始まった．幕府から野菜などの売り出し時期を定めたお触れが1685（貞享3）年，1693（元禄6）年，1742（寛保2）年，1844（弘化元）年と4回にわたって出されている．ちなみに「一富士，二鷹，三茄子」と諺にあるように特に早出しのナスが珍重された．

都市人口の増加に伴い近郊に野菜産地が形成され，特に江戸，京，大坂の周辺では，野菜が商品として盛んに栽培され，ウド，ダイズモヤシ，芽芋（図Ⅰ-3-1参照），ニラ，フキ，ミョウガ，ネギなどの軟白栽培も行われた．

（注1）作型：季節や地域によって異なる環境条件の中で，作物を経済栽培するために品種選定，播種期等の栽培管理技術，環境調節技術などを組み合わせた技術体系の類型．野菜の作型は，促成栽培，半促成栽培，普通栽培，抑制栽培あるいは春播き栽培，夏播き栽培，秋播き栽培，冬播き栽培などと呼ばれる．（野菜茶研 2008を改変）

3．明治時代から終戦まで

（1）生産と流通の変化

明治以降に現在の主要な野菜の多くが生産されるようになったが，これは明治政府が外国から優れた品種を積極的に導入して，栽培を奨励したことによるものであった．戦前に洋菜と呼ばれていた野菜はタマネギ，トマト，ハヤトウリ，カリフラワー，メキャベツ，レタス，セルリー，キャベツ，アスパラガスなどであった．明治政府が欧米から新たに品種を導入したタマネギ，キャベツの生産が次第に増加した．従来から栽培されていた野菜の中でもツケナ類のタイサイ，サントウサイ，結球ハクサイが中国から導入され，これまでの品種に置き換わって栽培されるようになった．また，ニンジンはそれまでの東洋種に

加えて,西洋種の品種が少しずつ栽培されるようになった.その他,エンドウ,スイカ,カボチャも欧米や中国からの導入品種に変わっていった.

図Ⅰ-2-1に1907(明治39)年以降の主要な野菜の生産量の推移を示した.戦前にはダイコンの生産量が飛びぬけて多いが,伝統野菜のダイコン,ナスの生産量がほとんど増加せず,人口の増加を考慮すると1人当たりの消費量は減少している.その他の野菜ではツケナ類の生産量がダイコンに次いで多い.当初,ツケナ類に含まれていたハクサイが独立した野菜として集計されるようになった1941年の生産量は498千tで,葉菜類では最大であった.主に日清

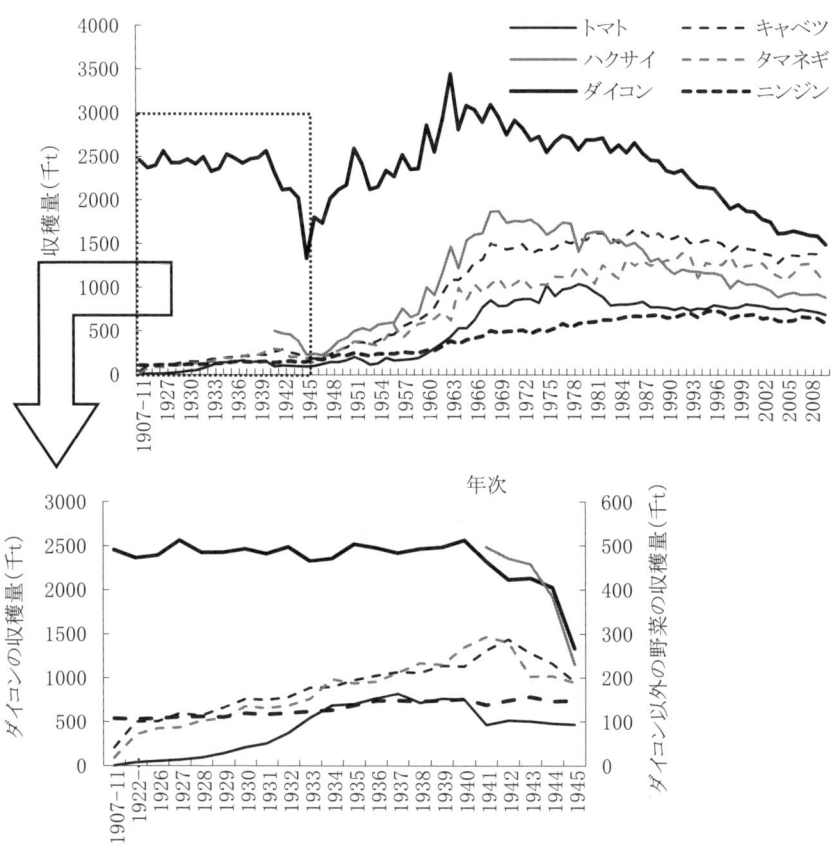

図Ⅰ-2-1 主要野菜の収穫量の推移

（1894-1895）と日露（1904-1905）の両戦争の時期に中国から導入されたハクサイがいかに急速に普及したかが分かる．また，同じく明治時代から普及し始めたキャベツ，タマネギも時代を経るとともに着実に生産が増加している．大正末から昭和初期の全都道府県の食生活を記録した「日本の食生活全集」によると，明治時代になって導入された洋菜類のうちこの2つの野菜が全国的に広く用いられているので，西洋風の料理だけでなく，従来からの伝統的な日本風の日常の食事にも用いられるようになって，いち早く普及して生産が増加していったと思われる．他方，トマトは明治・大正の時代には生産量は少なく，昭和に入って生産量が増加し，1930年代半ば（昭和10年頃）にニンジンに匹敵する生産量に達し，この頃ようやく一般的な野菜になったと思われる．

1941年の太平洋戦争突入後は食糧統制が強まり，主食の確保が優先されたことや労力，資材の不足により，野菜の生産量は減少した（図Ⅰ-2-1）．そのうちでもカロリーが少なく，栄養価が低いとみなされたハクサイ，ダイコンの減少が著しい．昭和15年から24年までは必需野菜が配給になり，価格が統制された．対象となった野菜はキュウリ，カボチャ，ナス，トマト，インゲン，エンドウ，ソラマメ，ダイコン，カブ，ニンジン，ゴボウ，サトイモ，ハクサイ，ツケナ，キャベツ，ホウレンソウ，ネギ，タマネギの18種類で，これらの野菜の栽培には面積や資材が割り当てられた．そして，最も食糧事情が厳しかった昭和19-22年には一部の野菜は季節によっては店頭から姿を消した．また，必需野菜以外のマクワウリ，スイカは作付けが禁止された．

江戸時代には大部分の野菜は都市近郊の産地から供給され，「近郊園芸」が中心であったが，明治時代に入ると次第に「輸送園芸」が発達した．日清戦争の頃から北海道からバレイショ，タマネギ，ニンジン，大阪からタマネギが東京に輸送され，キャベツは1905（明治38）年頃に岩手県から「南部甘藍」が東京に出荷された．しかし，本格的な輸送園芸の発達は1920年以降で，高知の果菜類，静岡のキャベツ，宮城のハクサイなどが代表例であった．また，長野と群馬からの高冷地野菜の出荷はそれぞれ1932年と1936年に始まっている．輸送園芸は気象条件によって消費地の近郊で生産できない時期に出荷していたので，日本園芸発達史（1943）では暖地早期出荷，暖地晩期出荷，冷涼地早期出荷，冷涼地晩期出荷に区分されている．現在の産地リレーによる野菜の周年供給体制

の先駆けである．

(2) 生産技術の発達
1) 品種

明治時代当初は外国からの導入品種が栽培され，その中から，各地域に順化した分離系統が選抜されるとともに，わが国独自の品種が育成されるようになり，次第に定着していった．例えば，タマネギは明治時代に米国から入った'イエロー・ダンバース'が大阪に土着して暖地の冬作向け品種'泉州黄'となり，他方北海道では'イエロー・グローブ・ダンバース'が土着して北海道の夏作向けの'札幌黄'になった．ハクサイは1875（明治8）年に中国から渡来した山東結球白菜が愛知県で愛知白菜に発展し，仙台には日清戦争中の1895年に中国から導入されて，栽培が始まり，その後松島湾内での採種に成功して松島白菜が誕生した．その他石川，長崎などでも品種改良が行われた．キャベツも欧米からの導入品種を元に品種改良が行われ，最初，寒冷地の北海道や岩手で産地が形成され，暖地では愛知，静岡に定着した．また，ニンジンは明治時代以前に中国から渡来し，わが国独自の品種が発達していたが，抽苔（とう立ち）しやすい，耐暑性が劣るなどの理由で栽培時期が限られていたので，欧米からの導入品種やそれから育成された品種も徐々に栽培されるようになっていった．このため明治・大正時代の料理書には既に「西洋ニンジン」の呼び名が現れ，従来の東洋種の品種と区別されている．また，トマトについて江口（1943）は「日本園芸発達史」の中で，「桃色，大果の'ポンデローザ'が市場に認められてきて，昭和10（1935）年頃以降は市場も消費も桃色種万能の時代に変わってしまった」と述べている．このようにその後の日本の野菜の発展につながる動きが現れている．

試験研究の進展により育種技術が進歩し，1924（大正13）年に埼玉県農業試験場によって世界初のF_1品種（注 2）がナスで育成された．またスイカでは，1927（昭和2）年に奈良県農業試験場によって優れたF_1品種が育成されて，普及し，江口（1943）は「品種改良事業が栽培，市場，消費方面にヒットした例は他に類例がない」と述べている．

2) 栽培技術

明治以降になって品種，播種期，栽培地を変えて作付けることにより収穫時

期を変えて出荷する作型が分化した．既に江戸時代に分化していたダイコンに加え，キュウリ，キャベツで戦前にほぼ周年生産が達成されている．またタマネギでは北海道の夏作と大阪，兵庫等の暖地の冬作が成立している．明治時代に入り，福羽によってヨーロッパのガラス障子温室や温床の技術が伝えられ，油紙障子框と醸熱を組み合わせた折衷式の温床が育苗などに用いられるようになった．その後，各地に広がり，促成栽培や温床育苗が盛んになっていった．山間地方では落葉を，厩肥の多い地方では厩肥を醸熱材料とする促成栽培が発達し，キュウリや軟化栽培に用いられた．大都市近郊では都市の塵芥を用いた芽物栽培や特殊な地形を利用した静岡県久能地域の石垣イチゴ，鹿児島県指宿の温泉熱を利用したナスの促成栽培などが発達した．温室栽培も各地に普及していった．

このように温床による保温技術が確立し，ナス，キュウリ，トマト等の果菜類の育苗に用いられるようになり，従来専業の農家が行っていた育苗を一般農家でも行うようになった．また，葉菜類でも育苗技術が普及し，例えば岩手県のキャベツ「南部甘藍」は大正時代には盛岡市付近の篤農家が育苗して栽培者に販売していたが，昭和に入ると自家育苗が多くなった．兵庫県下の篤農家がカボチャにスイカを接ぐ接ぎ木技術を考案し，立石が1927（昭和2）年に紹介した．1933（昭和8）年頃に確立され，早出し栽培の高知県や宮崎県に普及した．また，メロンなど一部の野菜で鉢育苗も試みられるなど現在の育苗技術の多くはその原型が戦前に既に現れていた．

（注2）F_1（雑種第1代）品種：遺伝的に異なった個体間の交雑による第一代の子孫．雑種強勢を表し，生育，収量，耐病性などが均一で，両親より優れているので育種に利用されている．（岩佐 1996 より要約）

4．終戦から高度経済成長期，バブル崩壊以降現在まで

（1）生産と流通の変化

1）戦後復興期

戦後の野菜の復興は極めて早く，例えば東京市場の入荷量は1948（昭和23）

年には戦前並みに回復した．必需野菜のダイコン，ニンジン，タマネギ，ネギ，キャベツ，ツケナ類，トマト，カボチャなどはこの年には戦前の入荷量に達し，ゴボウ，ハクサイ，ホウレンソウはやや遅れたが，やがて復旧した．1949（昭和24）年には統制が解除され，1951（昭和26）年までに，ほとんどの野菜の生産量は戦前に最も多かった1940年のレベルに回復している（図Ⅰ-2-1）．

戦後新たに流通するようになった「新野菜」にはいくつかの波があるが，その第一波は，戦後の欧米文化志向の中で昭和20年代から普及し始めたピーマン，レタス，アスパラガス，セルリー，カリフラワー，ブロッコリー，メキャベツ，パセリなどの「洋菜類」であった．

2）高度経済成長期：量的拡大の時代

1955（昭和30）年以降1973（昭和48）年の第一次オイルショックの頃までの高度経済成長期には図Ⅰ-2-1に示すように多くの野菜で生産量が増加している．この中でダイコンやナスといった古くからの伝統野菜やハクサイは高度経済成長期の早い時期に最大に達し，その後食生活の変化に伴い漸減している．戦前から洋風料理の普及に伴って一般化していたキャベツ，タマネギ，ニンジンやトマトでもこれ以後，増加が鈍化している．戦後の食生活の変化を象徴するレタス，ピーマン，セルリー，アスパラガス，パセリ，ハナヤサイ類（主としてカリフラワー）は1964（昭和39）年に農林省の統計に登場し，ピーマンとレタスは指定野菜として主要野菜に仲間入りした（図Ⅰ-2-2）．図Ⅰ-2-3には野菜の国内生産量，輸入量，国内消費仕向け量及び国民1人当たりの供給量の推移を示した．国内生産量も，1人当たりの供給量も1970年までにほぼ最大に達し，高度経済成長期に量的には国内需要がほぼ満たされた．

高度経済成長期には，首都圏，京阪神，中京地方などの大都市の人口が急速に増加し，国民所得が向上するとともに野菜の需要も増加し，かつ周年化していった．都市圏の拡大に伴い周辺の農地が宅地や工場用地に転用され，近郊園芸に代わって輸送園芸の比重が増した．大都市の膨大かつ周年的な需要に応えるために，季節によって異なった地域で生産されるようになった．道路網，市場などのインフラ整備が進み，1965（昭和40年）の科学技術庁の「コールドチェーン勧告」を契機に産地での予冷施設の整備と保冷車による輸送といった低温流通の体系が次第に普及して，流通が広域化した．また，1958（昭和33）年

16　第2章　野菜発達概史

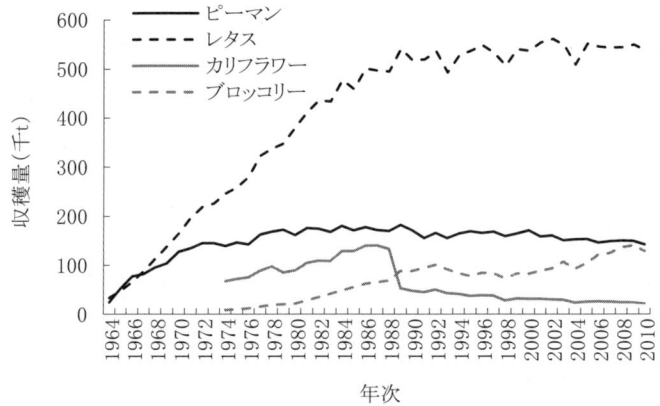

図Ⅰ-2-2　主要洋菜類の生産量の推移

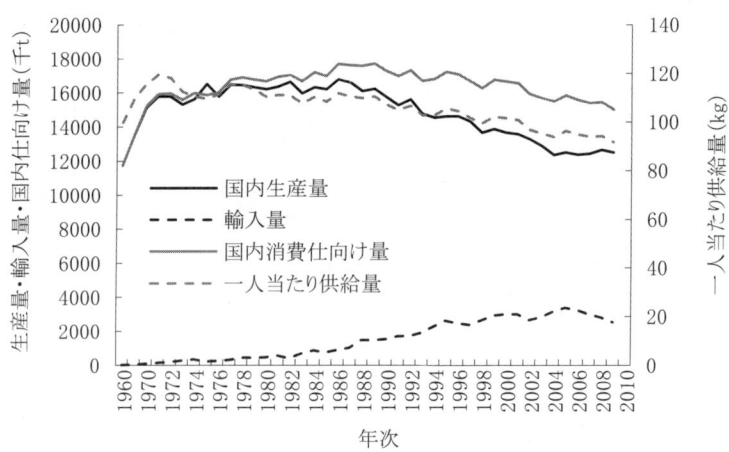

図Ⅰ-2-3　野菜の生産量，輸入量，国内仕向け量及び1人当たり供給量

に神戸市三宮にわが国初のスーパーマーケットが登場し，1962（昭和37）年以降急速に増加し，それまでの「八百屋」と呼ばれた小規模小売店が急速に減少して野菜の小売業界も大きく変化した．

　この頃，野菜の価格は年ごとに高騰と下落を繰り返し，不安定であった．そこで野菜の供給と価格の安定を図るために，1966（昭和41）年に野菜生産出荷安定法が制定され，「指定消費地域」と「指定野菜」，「指定産地」が設定された．また卸売市場法が制定され，流通体系も整備されていった．

表 I-2-3　野菜の所得弾性値と価格弾性値（清水 1983）

弾性値	所得弾性値		価格弾性値	
年次	1955-72 年	1973-80 年	1955-72 年	1973-80 年
キャベツ	0.21	-0.27	0.03	0.16
ネギ	-0.23	-1.73	0.33	0.26
トマト	0.69	-0.16	0.41	0.50
サトイモ	0.39	-0.39	0.92	0.59
ジャガイモ	-0.29	-0.40	0.23	0.18
ニンジン	0.29	0.54	0.42	0.31

3）安定成長期からバブル崩壊まで：高品質化の時代

　高度経済成長期に消費形態や生活様式，社会構造が変容するにつれて消費者の購買行動，嗜好が変化し，高度経済成長期の大量生産・大量消費の量の時代から安定成長期に入ると質の時代に変わった．このことは1970年代の2度のオイルショック以降1人当たりの野菜の消費量がプラトーに達し，漸減傾向に転じたことに現れている（図 I-2-3）．また，表 I-2-3 は高度経済成長期の1955-72年とそれより後の1973-80年の野菜の所得弾性値と価格弾性値を示している．所得弾性値も価格弾性値も高度経済成長期の後には減少傾向にあり，野菜の購入量への所得や価格の影響が小さくなっていることが分かる．そして，およそこの時期から野菜の質的な問題が話題になることが多くなった．例えば，作家の有吉佐和子は1974-1975（昭和49-50）年に新聞に連載した小説「複合汚染」の中で，野菜の農薬汚染や，食味や調理に関係のない曲がりキュウリが出荷規格によって販売されないことを取り上げ，話題になった．また，1982（昭和57）年に「四訂日本食品標準成分表」が公表されると，その前の三訂（1963）と比べて野菜の栄養成分が減少したことが話題になり，この頃から「昔の野菜に比べてまずくなった，個性がなくなりどこでもいつでも同じになった」との声も聞かれた．これらの中には誤解によるものもあるが，主として大量生産・大量消費に向けて大規模産地で品種や栽培方法，出荷規格を統一して，周年的に生産・流通することによって顕在化した問題であった．

　安定成長期に入り食生活の変化がさらに進むと，野菜の種類も増え，多様化した．以前は洋菜類と呼ばれたピーマン，レタス，カリフラワー，ブロッコリーの生産量はバブル期の1990年頃まで増加した（図 I-2-2）．そして，1972（昭

和47）年の日中国交回復による中国ブームを契機に「中国野菜」を中心とした第2の「新野菜」の波が到来した．1983（昭和58）年に農水省によって当時の「新野菜」の名称が統一された中で「中国野菜」はおよそ20種類であった．その後パクチョイ，チンゲンサイ，タアサイ，コウサイタイ，ハナニラ，ツルムラサキの6種類が農水省の統計に登場し，チンゲンサイは以後順調に生産を増やし，現在生産量はおよそ5万tに達している．

その後も食生活の国際化が進むにつれて，新しい「新野菜」が登場した．その中で顕著な傾向として，1980年代前後からスナップエンドウ，チコリ，イタリアンパセリ，ハーブ類のように欧米系の「新野菜」が流通するようになり，次第に一般化した．1987年の「暮らしの手帖」に「新しい西洋野菜を食卓に」という特集が掲載され，この中で取り上げられた野菜は，上記の4種類の他にビーツ（ビート），フェンネル，マーシュ（コーンサラダ），赤いピーマン，黄色いピーマン，セロリアック（セルリアック），ホワイトアスパラガス，アーティチョーク，ルバーブ，ズッキーニ，トレビツ（トレビス），ロケット（ロケットサラダ，ルッコラ），コールラビ，ゴールデンボーイ（黄色いトマト），アンディーブ（エンダイブ），ダンデライオン（食用タンポポ），ポロネギ（リーキ），オイスターマッシュルーム，ルタバガ，エシャロット，バタレタス（中心部が黄色いレタス）であった．

1980年代には第二次消費革命といわれたように「大衆消費から個人消費」に移り，高級化の傾向が特に顕著になった．食生活においてもマンガ「美味しんぼ」がヒットし，ピザ宅配が登場し，イタリア料理やエスニック料理が人気を集め，激辛ブームなど食生活は石毛（1982）のいう「享楽型」に進み，その行く先は「飽食の時代」であった．また，外食や総菜，弁当などの中食が増え，食の外部化も著しく進んだ．野菜も種類，品種，栽培方法を変えることによって，これらの変化に対応しようとしてきた．中国野菜やその後の欧米系の「新野菜」の登場は，野菜における高品質化と多様化の表れの1つと考えられる．そして高品質化や多様化の波は既存の野菜にも及んだ．例えば，完熟系トマト品種'桃太郎'が登場したのも1980年代で，「完熟トマト」が流通するようになった．また，トマトではミニトマト，高糖度トマト（フルーツトマト），クッキングトマトが登場した．従来サラダには用いられていなかった野菜が，サラ

ダホウレンソウ,サラダゴボウなどサラダに用いられ,ピーマンの一種パプリカ(カラーピーマン)が登場するなど多くの事例を挙げることができる.

他方,それまでは生鮮野菜は国内価格の高騰時にキャベツやタマネギなどが緊急的に輸入されていたが,1985年のプラザ合意以降円高が進み,農家の高齢化,労力不足による生産基盤の弱体化と相まって生鮮野菜の輸入が次第に増加した.従来のキャベツ,タマネギ,ニンジン等に加えてカボチャ,アスパラガス,ブロッコリー等の輸入が増加した.このように野菜の多様化や高品質化が進んだにもかかわらず,国民一人当たりの野菜の消費量は1970年代以降現在まで一貫して減り続けている(図I-2-3).

4) バブル崩壊から現在まで:価格・消費の低迷と輸入拡大の時代

1991年のバブル崩壊後は,デフレ傾向の中,低価格化が進み,外食,中食といった業務筋からの定時・定量・定質・定価格という要望に対応して野菜の輸入が急増し,1998年には中国がわが国への第1位の野菜輸出国になった.国産野菜の不作時でも野菜価格が高騰することは少なくなり,デフレ下の消費低迷の中で野菜の消費も減退し,野菜の価格は低落傾向が続いている.また,食生活の乱れが進行し,現在,食育運動が推進されているように,世界中に食材を求めた「飽食の時代」は必ずしも健康的で豊かな食生活とは結びつかなかった.

戦後から現在までを振り返ってみると,高度経済成長期は量の時代,オイルショックから1991年のバブル崩壊の頃までが質を追い求めた時代であった.バブル崩壊後の長引く経済の停滞から,消費は減退し,家庭の食料費が減少し,低価格志向が強まる一方で,安全性や健康食品に強い関心が寄せられている.他方,若年層を中心に食生活の乱れと野菜離れが進み,野菜の消費は混乱状態にあるようにみえる.

(2) 生産技術の発達

わが国の野菜生産の特徴として,①農家の経営規模が小さい,②栽培される野菜の種類が多い,③F_1品種など品種が発達している,④プラスチックフィルムの利用が進んでいることなどを挙げることができる.その結果,狭いながら南北に長い国土の中で多くの野菜で周年生産が実現している.つまり,品種,栽培技術,プラスチックフィルムなどの資材を高度に組み合せた技術集約型の生産体系が発達している.

1) 品種

　戦後に多くの野菜の品種が F_1 になった．ナス科やウリ科の果菜類，アブラナ科の葉根菜類を中心に F_1 化が進み，収量が増え，形，大きさ，外観などの品質が均一になり，大量生産・大量供給が可能になった．また，各種病害への抵抗性品種や台木が育成され，生産が安定した．野菜では商品価値が農家の経営上最も重要な課題であり，特に産地形成が進むとともに品種の選択は熾烈な産地間競争に勝ち抜くための重要な技術要素の1つであった．

　こういった中で，食生活の洋風化に対応して，多くの野菜で食味，外観などがサラダ向けの生食用の品種が採用されるようになった．トマトの完熟用品種，ダイコンの青首品種，キュウリの白いぼ品種はその例である．また，多くの野菜で安定生産や流通に適する品種に置き換わった．例えば，ニンジンでは耐暑性が劣り，抽苔（とう立ち）しやすい東洋種から周年生産に適した西洋種に換わり，ホウレンソウでは東洋種から，東洋種と西洋種の雑種に置き換わり，カボチャは日本カボチャから食味の優れた西洋カボチャに換わった．また，多くの野菜で開花や抽苔，耐暑性，耐寒性などの生態特性の異なる品種が育成され，周年安定生産に貢献した．

2) 栽培技術

　戦後の野菜栽培を革新した最大の要因の1つは1951（昭和26）年のビニルを中心とする農業用プラスチックフィルムの実用化であった．そのわずか数年後の1955（昭和30）年頃には，ハウス栽培，ハウス園芸という呼び名が現れている．施設の構造も竹や木骨からパイプハウス，鉄骨ハウスと大型化した．プラスチックフィルムは露地野菜でもマルチやトンネルの被覆資材として用いられた．さらに，夏季を中心とした雨よけ栽培（注3）にも用いられるようになった．また，通気性フィルムが保温や害虫の侵入，風害，霜害，乾燥などの環境ストレスから保護する目的で用いられるようになり，野菜の生産の向上と安定に大きく貢献した．野菜生産が周年化し，年間平準化するにつれて季節による野菜の価格差は少なくなり施設栽培の目的は，当初の高値狙いの早出し栽培から高品質多収，生産安定へと広がった．しかしながら，このように栽培が周年化し，大規模野菜産地が登場するにつれて野菜の連作が増え，病害虫や塩類集積などの土壌養分のアンバランスによる連作障害が現れるようになった．

戦後，欧米文化への憧れや国民の健康と栄養向上のため西洋料理が推奨されたが，当時野菜の栽培に下肥を使っていたので，サラダなどの生食に向かず，清浄野菜が求められた．アメリカ軍は調布と大津に設けた砂耕栽培施設で清浄野菜を生産した．この時の技術は礫耕栽培などの養液栽培に発展し，その後ロックウールなど軽量で緩衝性を備えた培地資材が開発されるとともに普及した．
　1980年代以降，生産農家の高齢化による生産基盤の弱体化が目立ち，キャベツ，ハクサイ，ダイコンといった重量野菜の省力・軽作業化が求められた．このため，移植作業や収穫調製作業を中心に機械開発が進められた．1980年代から普及しつつあったレタス，キャベツなどの葉菜類のセル成型苗（注4）と連動して小型で日本向きの移植機が開発され，果菜類では接ぎ木装置が開発された．

3）作型の分化と周年生産

　以上に述べた品種開発，特に生態育種（注5）とプラスチックフィルムの利用を中心とした栽培技術の進歩により作型分化が進み，多くの野菜で周年生産が達成された．前述したようにダイコン，ニンジン，キャベツ，ハクサイ，レタスのような露地野菜は夏秋期には高冷地や北海道，東北といった冷涼地で生産され，冬春期は関東から西日本の太平洋沿岸の地域で生産されるようになった．トマト，キュウリ，ナスなどの果菜類は秋から春にかけては気候温暖な九州，四国，東海，関東を中心に施設で栽培され，夏の高温期には中部高冷地や東北，北海道で栽培されるようになった．

4）安全安心と消費動向に応える技術開発

　農薬への耐性を備えた病害虫が表れ，国際的な人や物の交流が増えるにつれて，オンシツコナジラミ，ミナミキイロアザミウマ，オオタバコガなどの害虫やそれらが媒介する病害が新たに国内に侵入した．それらは防除困難で，新たな防除法が求められている．加えて，安全安心志向や環境への関心が高まるにつれて減農薬・減化学肥料の栽培が求められ，病害虫抵抗性品種や生物的，物理的，化学的手法を組み合わせた総合防除技術（IPM）の開発が進められている．また高齢化の中で健康志向が強まり，有機栽培や野菜の生理機能性への関心が高まっている．他方，高度経済成長期以降の食の外部化に対応して，業務需要向け野菜の品種や栽培技術の開発が進められている．

（注 3）雨よけ栽培：鉄骨パイプなどの簡単な骨組みに天井だけプラスチックフィルムを張って栽培する方法．雨が直接作物に当たらないので，病害の発生が少なく，乾湿の差が少ないので品質が良く，作柄も安定する．

（注 4）セル成型苗：連結したポット（セル）からなるトレイ（セルトレイ）に均一に調整した培土を用いて育苗した苗，プラグ苗とも呼ばれる．育苗が容易でそろった苗を生産できる．

（注 5）生態育種：各種の作型に適する品種を育成するために，日長や温度などの環境条件に対して示す成長，開花，抽苔などの反応（生態特性）に関する育種．

第3章　料理書の中の野菜

　日本人の食生活が激しく変化したのは，1950年代後半に始まった高度経済成長期から現在までの比較的短い期間であるが，江戸時代に完成した日本料理の土台の上に西洋料理や中華料理を積極的に取り入れた明治時代から高度経済成長が始まるまでの間にもこの変化は徐々に進行していた．そこで，料理書が初めて出版された江戸時代から現在までの期間を対象として，料理書における野菜の利用状況を調査した．

1．検討に当たっての時代区分

　17世紀から21世紀初頭の現在までのおよそ400年間の期間を食文化・食生活に関する文献から判断して次の4つの時代に区分した．
a．江戸時代：江戸時代は室町時代までに基盤が形成されていた日本料理の完成期と位置付けられている．そして1644（寛永20）年にわが国最初の料理書である「料理物語」が出版され，以後多数の料理書が出版されている．
b．明治時代から大正時代：明治政府は西洋文明を積極的に取り入れ，食生活の欧風化が始まった．しかし，西洋風の食生活は大正時代の末頃まではごく一部の階層に留まっていた．石毛（2009）は「昭和初期までの食生活は大きな断層なしに江戸時代につながり，さらにさかのぼっていくと弥生時代がみえてくる」と述べている．すなわち，それまでの伝統的な食生活を維持していたが，変化の兆しもみえ出した時代であった．そして，キャベツ，タマネギなどの現在の主要野菜の一部はこの時期から普及し始めた．
c．大正末から高度経済成長が始まるまで：石毛によると1923（大正12）年の関東大震災以後，都市では少人数の核家族構成の家庭生活に変わり，家庭で洋食を作ることが始まりかけていた．そして，昭和10年頃には東京の郊外の農村地帯でも，カレーライス，トンカツ，コロッケといった洋食を取り入れるようになっていた（渡辺 1988）．その後も食生活の洋風化の流れは続き，特に，終戦後は欧米文化志向が強まり，西洋料理が推奨され，米軍を中心とした占領軍

を通して食材や料理が紹介されて,一気に広がりだした.すなわちこの時代は次の急速な食生活の変化への助走の時代と位置付けることができる.

d. 高度経済成長期以降:石毛が「革命的」と呼んでいるように食生活が激変し,野菜も種類においても,内容においても大きく変わった時代である.すなわち,1956 年に日本住宅公団がダイニングキッチンの集合住宅を建設したのを皮切りに,多くの家庭がダイニングテーブルを使用するようになり,食材の供給や調理器具などの台所のインフラが整備されるにつれて,1950 年代後半から家庭の日常の献立に外国料理が増えて,副食物の数が多くなり,以後この傾向が加速していった.高度経済成長期から現在までを,橘木(2004)の区分によって高度成長期(1950 年代中期-1972),安定成長期(1973-1984),バブルの隆盛と崩壊期(1985-1992),消費低迷期(1992-現在)に分けて考察することにした.

2. 江戸時代

料理書は料理に関する新しい情報を伝えることを目的にしているので,必ずしもその時代の食生活の実態を表してはいない.特に江戸時代の料理書に取り上げられている料理は裕福な商人や位の高い武士が利用する料亭の会席料理や普茶料理,懐石料理など高級な料理が主であって,当時人口の大部分を占めた農民はもちろん,都市の町人の日常の食事でもないことに留意して考察したい.

江戸時代は 1603(慶長 8)～1868(慶応 4)年までの 266 年間の長期にわたり,この間に食生活も野菜も変化しているので,江戸時代を 17,18,19 世紀の前,中,後期に分けてそれぞれの時代の料理書に現れる主な野菜を表 I-3-1 に示した.なお,江戸時代については利用の多い山野草も含めて出現率で上位 30 種類を示している.

ダイコンが江戸時代を通して最も多く用いられ,以下ゴボウ,ヤマノイモ,クワイ,サトイモ,ニンジン,レンコン,カブなど根菜類の割合が高い.また,サトイモは芋と並んで,ずいき(葉柄)や芽芋(図 I-3-1)としても利用されている.果菜類の中ではナスがダイコン,サトイモやゴボウと並ぶほど重要な野菜で,ウリ科野菜ではシロウリとトウガンの出現率が高い.葉菜類ではウドとフキの出現率が高いが,ネギ,ホウレンソウの順位はそれほど高くない.ま

第3章 料理書の中の野菜

表 I-3-1 江戸時代の料理書に現れる主要な野菜・山野草の出現率 [z]

	前期（17世紀）	(%)	中期（18世紀）	(%)	後期（19世紀）	(%)
1	ダイコン	13.8	ダイコン	11.7	ダイコン	10.2
2	ゴボウ	10.7	ゴボウ	8.8	ウド	8.2
3	ヤマノイモ	7.1	ウド	8.5	ゴボウ	6.2
4	ナス	6.0	ナス	4.7	ヤマノイモ	5.7
5	タケノコ	5.5	タケノコ	4.6	ナス	3.8
6	ウド	4.5	ヤマノイモ	4.2	クワイ	3.6
7	セリ	4.1	クワイ	3.5	ユリ根	3.6
8	クワイ	3.7	ワラビ	3.0	カブ	3.3
9	ニンジン	3.5	カブ	2.7	タケノコ	3.2
10	ワラビ	3.0	ヨメナ	2.6	フキ	2.9
11	ササゲ	2.2	ネギ	2.5	シロウリ	2.5
12	ミツバ	2.2	シロウリ	2.4	サトイモ	2.5
13	サトイモ	2.2	フキ	2.4	レンコン	2.4
14	フキ	2.2	チョロギ	2.3	トウガン	2.3
15	ずいき	2.1	セリ	2.2	ミツバ	2.2
16	カブ	2.0	ニンジン	2.1	ネギ	2.2
17	ツクシ	1.9	ツクシ	2.0	セリ	2.1
18	シロウリ	1.7	ミツバ	1.8	ツクシ	2.0
19	ユウガオ	1.6	芽芋	1.8	ずいき	1.9
20	ネギ	1.6	レンコン	1.8	ニンジン	1.8
21	レンコン	1.5	サトイモ	1.6	カイワレ	1.7
22	ヨメナ	1.1	ササゲ	1.4	キュウリ	1.7
23	ホウレンソウ	1.1	フキのとう	1.4	ジュンサイ	1.6
24	ちしゃ（レタス）	1.1	ジュンサイ	1.3	ワラビ	1.5
25	青豆	1.0	ユウガオ	1.2	フキのとう	1.3
26	フキのとう	0.9	ずいき	1.2	ササゲ	1.3
27	芽芋	0.8	ユリ根	1.1	芽芋	1.2
28	アサツキ	0.7	カイワレ	1.1	ヨメナ	1.1
29	モヤシ	0.7	青豆	0.9	モヤシ	1.1
30	青菜	0.7	ちしゃ（レタス）	0.9	インゲン	1.0

[z] 野菜全体の出現回数に対する割合．

た，当時どこででも作られていたツケナ類が少ない．その理由として，用途が漬物中心で料理書に取り上げられるような高級な料理にはあまり用いられなかったこと，地方色が強いという性格上，江戸，京，大坂で出版された当時の料理書には取り上げられる機会が少なかったためと思われる．また，ツマミナ，間引き菜，青菜といった種類のはっきりしない野菜に含まれていることも理由の1つである．山野草ではツクシ，ヨメナ（嫁菜）が主要な食材として用いられ，ワラビ，ゼンマイなどの今日の山菜やハコベ，タンポポなどの野草を含めて数えるとその数およそ50種類で，栽培植物の約90種類と比べて比率が非常

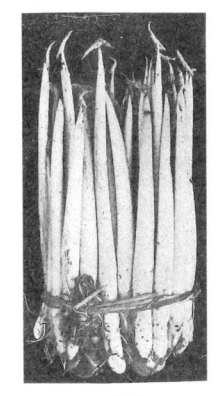

図Ⅰ-3-1　芽芋
　　　　熊沢・二井内
　　　　（1956）

に高い．またその出現率は全体の10%程度で，後世と比べて際立って高い．このように高級な料理でも山野草の比重が高いことや，当時はウド，ミツバ，セリ，フキといった野菜も多くは野生のものを採取していたこと，さらに，江戸時代に周年的に生産されていた野菜はダイコンぐらいであったことからすると，現在から想像もできないほど季節性が強かったことが分かる．他方，季節による食材の偏りを補う野菜として，モヤシ，カイワレといった芽物や芽芋といった軟白物が利用されている．これらの野菜は農家の自家用ではなく，主に販売用に生産され，江戸時代の早い時期から江戸，京，大坂といった大都市周辺では販売目的で種々の野菜が栽培されていたことがうかがわれる．

　また，この表から個々の野菜の評価が江戸時代の間に変化していったことが推察される．例えば，キュウリは江戸時代の前期にはほとんど登場せず，中期でも少ない．「下品の瓜」といわれ，江戸時代には評価が低かったとされているが，19世紀の江戸時代後期になると22位に登場している．このように時代とともに評価が高くなり，明治時代以降にキュウリが主要野菜の1つになったことにつながっていると思われる．この表に登場していないが，新大陸起源で慶長年間に渡来したカボチャや江戸時代に渡来したインゲンが時代とともに出現率が増えており，徐々に普及していったことを示している．

　香辛料，調味料，薬味，あるいは妻物のように料理の飾りに用いられる野菜がある．これらの野菜の一部はマイナー野菜とか小物野菜と呼ばれるが，これらを一括した名称がない．その用途全体を正確に表していないが，ここではこれらの野菜をまとめて「香辛・調味野菜」と呼ぶこととする．香辛・調味野菜としては，ショウガ，ワサビ，シソなどのマイナーな野菜だけでなく，ダイコン，ネギ，タマネギのような主要野菜も用いられる．江戸時代に薬味や香辛料，調味料として用いられた主要な香辛・調味野菜を表Ⅰ-3-2に示した．江戸時代の料理書に表れる香辛・調味野菜の種類は後の時代に比べて少ないが，日本料理に用いられる種類がほぼ出そろい，この面でも日本料理が完成の域に達した

表 I-3-2 江戸時代の料理書に現れる主な香辛・調味野菜の出現率 [z)]

	前期（17世紀）	(%)	中期（18世紀）	(%)	後期（19世紀）	(%)
1	ショウガ	45.4	ショウガ	35.2	ショウガ	29.8
2	ミョウガ	21.1	ワサビ	21.2	ワサビ	22.6
3	タデ	14.1	ミョウガ	16.5	ミョウガ	14.5
4	ワサビ	10.4	タデ	9.6	シソ	12.0
5	シソ	3.3	シソ	7.8	トウガラシ	9.5
6	ハマボウフウ	2.7	トウガラシ	5.8	タデ	8.6
7	トウガラシ	1.6	ハマボウフウ	3.4	ハマボウフウ	2.8
8	ニンニク	1.2	ニンニク	0.5	ニンニク	0.2

[z)] 香辛・調味野菜全体の出現回数に対する割合．

ことがうかがわれる．その中でショウガの出現率が常に最も高いが，江戸時代の初め頃に渡来したトウガラシが次第に増加し，19世紀に入ると盛んに用いられた．ワサビも時代が進むにつれて増加している．これは刺身や江戸前の握りずしが盛んに食べられるようになったためであろう．これに対して，ニンニクの使用はごく少ない．

3. 明治時代から大正時代まで

　明治維新後には文明開化の掛け声の下，明治政府は積極的に西洋化を進め，食生活においても肉食や西洋料理が推奨された．ここには，日本人の体格が西洋人と比べ劣っていたので富国強兵，産業振興のために国民の体力向上が求められたという背景があった．しかし，食肉のように新しい食材が登場しても最初はすき焼きのように日本的な調理法であった．

　明治〜大正時代の野菜と料理を巡る若干の事象を挙げると表 I-3-3 の通りである．明治政府が海外から新野菜，新品種を導入したが，日本の気候に適する品種や系統が選抜され，栽培法が確立されて定着するには時間が必要であった．明治時代の初期に発行された西洋料理の料理書には，江戸時代から栽培されていた伝統野菜が多く用いられている．1872（明治5）年に出版されたわが国最初の西洋料理書「西洋料理指南」（敬学堂主人）には赤茄子（トマト），バレイショ，ビートが早くも登場しているが，この本の著者は「西洋野菜の数は多いが，まだわが国にない．ナガイモ，クワイ，ハス，マツタケその他で代替

表I-3-3 明治・大正時代の新しい野菜と料理関係の主な事象

年次		野菜と料理関係の事象
1861-64	文久年間	神奈川県下で外国人向けに西洋野菜を栽培
1865	慶応元	神奈川奉行所が西洋野菜を試作
1867	慶応3	西洋料理店開店,サラダの代わりに酢をかけたミツバを用いる
1872	明治5	新聞でトマトを紹介
1875	8	ハクサイの導入
1880	13	札幌の中村磯吉タマネギを1町歩試作し品質優良なものを収穫
1885	18	この頃バレイショが普及
1886	19	今井伊太郎,大阪泉南郡でタマネギの栽培を開始
1887	20	観賞用のトマトこの頃より食用に栽培
1892	25	雑誌に松葉ウド(アスパラガス)の調理法
1895	28	カツレツの付け合わせを刻みキャベツにしたところ人気になり,トンカツとキャベツのコンビが生まれる
1904	37	この頃からキャベツが一般的な野菜として市場に出回るようになる
1906	39	蟹江一太郎トマトソースの本格的な生産を開始
1907	40	川田男爵がアメリカからジャガイモを導入
1909	42	西洋野菜の専門書「西洋野菜の作り方と食べ方」出版
1912	明治45 大正元	新聞がライスカレー人気を分析
1922	大正11	東京歩兵連隊で嗜好調査したところ順位はフライ,カツレツ,コロッケ,焼き肉,焼き魚,オムレツ,口取りで洋食志向が強い
1926	大正15 昭和元	この頃ライスカレー庶民の間に普及

注)小菅(1997)などから作成.

できる.ダイコンも塩をして食べることができる.わが国の野菜も適宜肉に添えて食するべきである.外国の野菜でないと西洋風の調理に用いないとするのは固陋(ころう)はなはだしい」と述べている.また,当初は欧米から渡来した新しい野菜はなじみがなく,なかなか普及しなかったようである.例えば,1880年に札幌でタマネギの試作に成功しているが,東京に出荷しても受け入れられなかったという.新しい野菜は食生活の変化と並行して徐々に普及していった.

西洋料理は当初は専門の料理書でのみ取り上げられていたが,やがて日本化された西洋料理(洋食)が一般家庭向けの料理書に日本料理といっしょに取り上げられるようになり,料理書からも西洋料理が定着し,次第に一般家庭に受け入れられていったことが分かる.カレーライス,コロッケ,トンカツは大正の三大洋食と呼ばれるが,トンカツと刻みキャベツの組合せが1895(明治28)

年に生まれるなど,これらの洋食の普及と並行して,西洋ニンジン,タマネギ,キャベツといった明治以降に欧米から新たに導入した野菜が普及していった.

表Ⅰ-3-4に明治時代と大正時代の料理書に現れた主要野菜30種を示した.明治時代にはダイコン,ゴボウといった伝統的な野菜が江戸時代と同様に上位を占めているが,明治時代に導入した新野菜のうちタマネギが早くも13位に入り,急速に普及したことがうかがわれる.これに対し,キャベツ,ハクサイはそれぞれ40位と80位で,まだ地位は低かった.その他にニンジン,キュウリ

表Ⅰ-3-4 明治・大正時代の料理書及び「日本の食生活全集」に現れる主要な野菜の出現率[z]

	明治時代	(%)	大正時代	(%)	日本の食生活全集	(%)
1	ダイコン	8.6	ダイコン	9.5	ダイコン	19.6
2	ネギ	6.1	ニンジン	6.7	ニンジン	7.6
3	ゴボウ	5.9	ナス	5.7	ナス	6.7
4	ナス	5.0	タマネギ	5.7	サトイモ	6.0
5	ニンジン	4.5	ネギ	5.5	ネギ	5.6
6	ウド	4.5	タケノコ	4.0	ゴボウ	4.7
7	ヤマノイモ	4.4	ゴボウ	3.8	キュウリ	4.3
8	サトイモ	3.9	ウド	3.7	ツケナ類	4.2
9	タケノコ	3.2	ヤマノイモ	3.2	カブ	2.0
10	ミツバ	2.6	サトイモ	3.1	タケノコ	2.0
11	カブ	2.6	キュウリ	2.9	カボチャ	2.0
12	レンコン	2.3	クワイ	2.6	ハクサイ	2.0
13	タマネギ	2.3	カブ	2.5	カラシナ類	1.7
14	クワイ	2.2	ミツバ	2.2	フキ	1.6
15	セリ	2.1	フキ	2.1	ショウガ	1.4
16	ホウレンソウ	2.1	エンドウ	2.0	シソ	1.0
17	ユリ根	2.0	レンコン	2.0	ラッキョウ	1.0
18	フキ	2.0	キャベツ	1.7	トウガラシ	0.9
19	エンドウ	1.7	トウガン	1.6	シロウリ	0.9
20	ミョウガ	1.6	インゲン	1.3	エンドウ	0.9
21	シロウリ	1.5	カボチャ	1.3	ユウガオ	0.8
22	キュウリ	1.4	シロウリ	1.3	ずいき	0.8
23	ショウガ	1.3	ユリ根	1.3	インゲン	0.8
24	インゲン	1.3	シソ	1.2	キャベツ	0.7
25	トウガン	1.2	トマト	1.0	ミョウガ	0.7
26	シソ	1.1	ユウガオ	0.9	タマネギ	0.7
27	ちしゃ(レタス)	1.1	ソラマメ	0.9	ホウレンソウ	0.7
28	ユウガオ	1.1	青トウガラシ	0.7	ササゲ	0.6
29	ずいき	0.8	エダマメ	0.7	ヤマノイモ	0.6
30	ササゲ	0.8	シュンギク	0.7	セリ	0.6

[z] 野菜全体の出現回数に対する割合.

が江戸時代より上位に登場している．ニンジンは明治時代に入ると伝統的な東洋種に加えて欧米から導入された西洋種が次第に料理書に登場するようになった．明治から大正時代の料理書には在来の東洋種と区別して，「西洋ニンジン」と書かれているものが多く，半ば「西洋野菜」の扱いであった．そして，大正時代に入るとニンジン，タマネギ，キャベツが主要野菜の位置を占め，ハクサイも38位にまで順位を上げている．

　1900年代に入ってから野菜の料理に関する本が出版され，食材としての野菜への関心が高くなったことがうかがわれる．1909 (明治42) 年に出版された「西洋野菜の作り方と食べ方」では，当時まだ珍しかった西洋野菜の料理法が紹介されている．その中では，30種類の野菜が取り上げられているが，西洋ニンジン，キャベツ，タマネギについて生産上の利点と調理など利用上の利点を挙げている．生産上は栽培しやすいこと，利用上からは西洋料理だけでなく，日本料理に用いてもそれぞれ東洋種のニンジンやツケナ類，ネギといった従来の野菜よりも用途が広く，優れていることを上げている．つまり，新しい西洋風の料理だけでなく，今までの和風の料理にも適したことが，これらの野菜が急速に普及した理由の1つと思われる．そうした中で，日本料理に使いにくい新野菜のトマトが大正時代に既に25位に登場しているのが目立つ．

　「日本の食生活全集」(農文協) には大正時代の終わりから昭和の初めの全国の日常の食事が記録されている．未だ西洋料理や中華料理の影響があまり入っていない日本の食生活の原風景が示されており，現代までの日本の食生活の変化を考える上での基点と位置付けることができる．そこで，ここに現れる主要野菜を表 I -3-4 に掲げた．大正時代の料理書と傾向は似ているが，新しい野菜では，ハクサイが上位に来ているのに対して，ダマネギとキャベツが低いこと，キュウリ，カラシナ類，ツケナ類が上位に位置しているのが目立つ．特に，ダイコン，カブ，ツケナ類，カラシナ類，ハクサイ，ラッキョウ，キュウリ，ナスといった野菜が上位に登場し，漬物の比重が高かった当時の食生活の特徴が表れている．「日本の食生活全集」は当時の全国の食生活の実態を示したものであり，農山漁村が中心であったことから，江戸時代からの伝統的な野菜の地位が高い．その反面，明治時代に渡来した野菜のうちの一部は全国的に普及し，既に主要野菜の地位を占めていたことが分かる．しかし大正時代の料理書では，

トマトが上位30位の中に入っているが,「日本の食生活全集」では全国47都道府県の膨大なレシピが記録されているにもかかわらず,トマトはわずかに数か所に登場するにすぎない.先進的な料理書と食生活の実態と間の大きな違いが表れている.当時の料理書と「日本の食生活全集」の間のトマトとハクサイのこのような違いについては第II部の各論で改めて検討したい.またこの時代の農山漁村の食事には古くからの自給自足の色彩が強く残っている.農村ではコイ,フナ,タニシ,シジミなどの淡水性の魚介類,山村ではイノシシ,シカや野鳥が登場し,多くの山野草が食材として利用されている.換金作物であった米の生産が重視されたので,ほとんどの農家は自家用の野菜の栽培に多くの労力,土地,資材を振り向ける余裕はなかったのも,新しい野菜の出現率が低い理由の1つでないかと思われる.

明治～大正時代に香辛料,薬味,調味料として用いられた主要な香辛・調味野菜を表 I-3-5 に示した.香辛料としてはショウガ,ワサビ,トウガラシなどが,薬味としてネギ,ミツバなどが主に用いられ,ニンニクの利用は少なく,西洋風の料理が取り入れられても香辛・調味野菜は江戸時代と大きく変わってはいない.取り入れられた西洋料理は香辛料からみても日本風に変化したもの

表 I-3-5 明治・大正時代の料理書に現れる主な香辛・調味野菜の出現率[z]

	明治時代	(%)	大正時代	(%)
1	ショウガ	28.6	ショウガ	40.3
2	ワサビ	20.5	ワサビ	15.5
3	トウガラシ	13.2	トウガラシ	9.0
4	ネギ	6.3	ネギ	7.2
5	ダイコン	5.1	ミツバ	5.5
6	シソ	4.9	シソ	4.8
7	タデ	4.2	ダイコン	4.1
8	パセリ	4.2	パセリ	4.1
9	ハマボウフウ	2.7	ハマボウフウ	2.1
10	フキ	2.2	タデ	1.7
11	ウド	2.0	ミョウガ	1.7
12	ミツバ	1.2	ウド	1.0
13	セリ	1.1	セリ	0.7
14	ミョウガ	1.1	キュウリ	0.7
15	ニンニク	0.7	ニンニク	0.3

[z] 香辛・調味野菜全体の出現回数に対する割合.

であったことがうかがえる．ただし，パセリは抵抗が少なかったのか既に明治時代から新しい薬味，あるいは妻物として料理書に頻繁に登場する．

明治・大正時代の食生活の変化について，柳田国男は「明治大正史　世相篇」の中で次のように述べている．「昔の農村では食べ物が季節のもので，季節をすぎればなくなるものであった．これは畑からの収穫物や，山野からの採集物だけが同じというわけでなく，遠くから売りに来る商人から購入する海産物も申し合わせて買っていた．こっそり食べないというのが作法であった．このため，村の香りは同じであった．年に50日もある節日の料理も決まっていて，村中同じものを食べた」，そして「温かい飯とみそ汁と浅漬けと茶との生活は，実は現在の最少家族制が，やっとこしらえ上げた新様式であった」と述べている．このように明治から大正の時代に起こった食生活の大きな変化は家庭や個人が村の共同体から独立して食生活を営むようになったことであった．「日本の食生活全集」に出てくる農村の食生活は石毛（2009）が述べているように江戸時代とそれほど大きく変わっているようにはみえないが，昭和につながる変化が都市から始まっていて，昭和に入ると目立って変化が表れてくる．そして野菜でも変化が目立ってくる．

4．大正末・昭和初めから戦中・戦後〜高度経済成長が始まるまで

(1) 大正末・昭和初めから終戦まで

石毛（2009）によると，1923（大正12）年の関東大震災以後，都市では西洋料理店や中華料理店が増え，日本化した料理を出すようになり，都市の中流以上の家庭では洋食を作ることが始まりかけていた．また，都市では少人数の核家族構成に変わり，東京では食卓を箱膳から卓袱台に変える家庭が多くなり，1941（昭和16）年頃には農村でも箱膳と卓袱台が拮抗していたとされている．このように戦後につながる食生活の変化が大正末〜昭和の初めから大きく進み始めていた．

表I-3-6にこの時代の食生活や野菜に関わる事象を年表にまとめて示した．戦時色が濃くなる前の1935（昭和10）年頃までに料理や食生活の洋風化が一層進み，一般家庭にオムライスやトンカツが普及し，中華料理も人気を集めてい

第3章 料理書の中の野菜

表 I-3-6 高度経済成長期前までの昭和時代の食生活，野菜を巡る主な事象

西暦	年号	食生活	野菜	備考
1926	大正15 昭和元年	この頃ライスカレー庶民の間に普及		
1927	昭和2	日本放送協会関東支部（編）「ラヂオ放送四季の料理」で和風，洋風，中国風の料理を集録	トマトソースの製造盛ん	
1928	昭和3	「家庭料理法大全」にオムライスが初登場		
1929	昭和4	「四季の支那料理」50版を数えるロングセラーになり，中華料理ブームが到来 ポークカツ初めて「とんかつ」と呼ばれる	川村秀雄「奥さん園芸上手な野菜の作り方とおいしい食べ方」出版	世界大恐慌始まる
1931	昭和6			満州事変
1933	昭和8		愛知トマト（現・カゴメ）がトマトジュースの販売を開始．	国際連盟脱退
1934	昭和9	内務省衛生局調査，米を常食としない農村は182村		
1935	昭和10	この頃は戦前の食料安定期とされる		
1937	昭和12		戦時用の乾燥野菜としてツケナの栽培が急増	日中戦争勃発
1938	昭和13	生活必需品に国が値段をつけるマル公時代始まる		
1939	昭和14		栄養研究所が代用食としてアザミ，アカザ，ヤマゴボウはじめ500種を選定	
1940	昭和15		野菜の公定価格販売始まる	
1941	昭和16	この頃農村では卓袱台と箱膳が拮抗	東京の野菜不足が深刻化し行列買い始まる	太平洋戦争勃発
1942	昭和17		野菜の登録制	
1943	昭和18	近郊への買い出し盛んになる		
1944	昭和19		スイカ，マクワウリなどの作付け禁止．イチゴ，トウガラシなど不急作物の作付け抑制の強化	

表 I-3-6 高度経済成長期前までの昭和時代の食生活, 野菜を巡る主な事象（続き）

1945	昭和20	イモ類増産対策		終戦
1946	昭和21	闇市の隆盛		
1947	昭和22		カボチャが不人気となる	
1949	昭和24		野菜類9年ぶりに統制撤廃, 市場でのセリ売再開	
1950	昭和25	学校給食をパンで実施		朝鮮戦争勃発
1951	昭和26	サッポロ味噌ラーメンの元祖開店	農業用プラスチック実用化	サンフランシスコ平和条約
1953	昭和28	急落し始めたヤミ米, 電気冷蔵庫の市販		
1954	昭和29	プロパンガス家庭に広がり始める		
1955	昭和30	大手家電メーカー電気釜を発売. テレビ, 洗濯機, ミキサーなどの家庭電化時代始まる		
1956	昭和31	テレビ, 洗濯機, 冷蔵庫が三種の神器に	ピーマン F_1 品種'緑王'の育成	経済白書「もはや戦後ではない」
1957	昭和32	バイキング料理始まる		

注）小菅（1997）などから作成

た．満州事変（1931）や国際連盟脱退（1933）と本格的な戦争の時代が近づいていたが，昭和10年前後は戦前の食料安定期とされている．渡辺（1988）は，「昭和初頭が日本の食文化が最も豊かに花開いた時代であった．それは伝統的和食が一応の完成をみ，明治・大正に付け加わった西洋・中華の料理が和風にアレンジされながら普及し始め，一般家庭の食卓を一層多彩に彩った時代である」と述べている．このような変化は大都市から始まり，地方に普及するには時間がかかった．渡辺は「（東京近郊では）昭和初頭頃から農家の食生活は大きく変わり始め，キャベツ，トマト，ハクサイといった新しい食物が入り，昭和9年の農村の生活実態調査では，西洋料理について昭和初年あるいは，最近の1-10年前からトンカツ，コロッケ，カレーライス，オムレツ，フライ，サラダなどを取り入れたとする回答がみられる」と述べている．しかし西洋料理，中

華料理の普及の仕方は東京でも地域によっても異なったようで，次のように記している．「隣近所のつきあいが少なく，中流知識階層の多い山手では，学校教育や新聞，雑誌，本，ラジオなどの情報を通して普及した．特に女学校で習った料理が家庭で試作され，定着していくケースが多い．近所づきあいの密接な下町では人間関係を通じて普及する．また，魚屋や八百屋なども料理法や食べ方を教えていた．これに対して，近郊農村では，青果市場や下肥のくみ取りの途中での飲食店や屋台や，女子青年団の講習，市内の家庭への奉公を通じて新しい料理を覚えていった」．事実，「日本の食生活全集」（大正末〜昭和初期）では，東京近郊の大森，葛飾の農村でも，あるいは東京の下町でさえ西洋料理に属するレシピはほとんど登場しない．まして，地方の農山漁村ではキャベツ，タマネギ，ハクサイなどの新しい野菜を取り入れながらも，食生活は伝統的な日本料理であった．したがって，西洋料理を取り入れた食生活の変化は東京，大阪といった大都市や外国との交流が多い横浜，神戸の上・中流階級に留まっていたが，この頃から次第に全国に普及していった．このように，昭和初めから太平洋戦争までの十数年の間に西洋料理や中華料理の取り込みが加速し，戦後の食生活の変化に向けて既にこの時期から助走期に入っていたともいえる．料理書をみても 1928（昭和 3）年刊行の一般家庭向きの雑誌「主婦の友」の「一年中朝昼晩　お惣菜料理法」にはトースト，マッフィン，サラダ，ムニエルなどの現在ポピュラーな西洋料理が登場している．

　第 2 章の図 I-2-1 に示したようにこの時期にはダイコンの生産量がまだ圧倒的に多く，キャベツ，タマネギの生産量をはるかに凌いでいる．しかしながら 1929（昭和 4 年）に出版された「奥さん園芸　上手な野菜の作り方とおいしい食べ方」（川村秀雄）にはルバーブ，ケール，コールラビー，アスパラガス，トマトなどの西洋野菜が紹介され，この時代に西洋野菜への関心も高まっていったものと思われる．また第 2 章で述べたようにトマトの生産量も昭和になってようやく目立って増加している．

　昭和初めから終戦までと戦後の経済復興期から高度経済成長が始まる 1950 年代半ば過ぎまでの料理書に現れた主要な野菜の種類を表 I-3-7 に示す．昭和時代に入ると，大正時代と比べて登場する野菜の種類や出現率に明らかな変化がみられる．まず，昭和時代の最初の 10 年間には大正時代と同様に，ダイコン

表 I-3-7　昭和初めから高度経済成長が始まるまでの時代の料理書に現れる主要な野菜の出現率[z]

	終戦まで 1926-1934	(%)	終戦まで 1935-1943	(%)	終戦から高度経済成長が始まるまで 1947-1957	(%)
1	ダイコン	11.4	ニンジン	10.8	タマネギ	10.5
2	フキ	7.9	タマネギ	8.4	ニンジン	9.2
3	ニンジン	7.1	ダイコン	7.8	ネギ	7.8
4	タマネギ	6.7	ネギ	7.4	ダイコン	7.1
5	ネギ	5.8	ゴボウ	4.1	キュウリ	4.8
6	ゴボウ	4.3	キャベツ	4.0	エンドウ	4.2
7	サトイモ	3.3	キュウリ	3.5	トマト	3.9
8	キュウリ	3.0	タケノコ	3.5	キャベツ	3.9
9	レンコン	2.6	トマト	3.4	ホウレンソウ	3.7
10	タケノコ	2.5	エンドウ	3.4	サトイモ	3.0
11	ミツバ	2.5	ホウレンソウ	3.3	ゴボウ	2.8
12	ホウレンソウ	2.4	サトイモ	3.3	タケノコ	2.7
13	カブ	2.4	ナス	2.4	インゲン	2.4
14	ナス	2.4	ハクサイ	2.0	ナス	2.3
15	キャベツ	2.4	カボチャ	2.0	ハクサイ	2.0
16	エンドウ	2.1	モヤシ	1.9	カブ	1.5
17	ウド	1.9	レンコン	1.6	ミツバ	1.3
18	コマツナ	1.8	カブ	1.4	甘味トウガラシ類	1.3
19	ヤマノイモ	1.7	インゲン	1.4	ヤマノイモ	1.3
20	トマト	1.5	ユウガオ	1.3	ちしゃ(レタス類)	1.2
21	インゲン	1.1	ウド	1.1	レンコン	1.2
22	クワイ	0.9	ミツバ	1.0	カボチャ	1.2
23	青豆	0.8	フキ	1.0	モヤシ	0.9
24	ハクサイ	0.8	ちしゃ(レタス類)	1.0	ユウガオ	0.8
25	カボチャ	0.8	ヤマノイモ	1.0	アスパラガス	0.7
26	ユウガオ	0.7	トウガン	0.9	コマツナ	0.6
27	ちしゃ(レタス類)	0.7	シュンギク	0.7	クワイ	0.6
28	シュンギク	0.7	エダマメ	0.6	シュンギク	0.5
29	ユリ根	0.6	甘味トウガラシ類	0.6	クレソン	0.5
30	ソラマメ	0.6	コマツナ	0.6	ソラマメ	0.5

[z] 野菜全体の出現回数に対する割合.

が最上位を占め，その他伝統的な野菜が上位を占めているが，トマトとキャベツの地位が上がり，レタスが30位以内に入るなど新しい野菜が進出している．そして，昭和10年以降になるとダイコンが首位から後退し，変わってタマネギ，ニンジンが最上位を占めるようになった．キャベツやトマトが10位以内に進出し，ハクサイも上位に上がり，ナス，ゴボウ，ウド，フキなどの伝統的な野菜が後退した．サラダナや結球レタスを中心とする洋菜のレタスや，甘味トウガ

ラシ類が30位以内に入っている．1933（昭和8）年の料理書には現在のパプリカに当たる西洋種の甘味トウガラシが「ピーマン」の名前で登場する．このように既に戦後につながる動きがはっきりと現れ，西洋料理が浸透するにつれて，明治以降に登場した新しい野菜が広く一般に受け入れられるようになってきたことが料理書からも分かる．

　昭和10年以後になると次第に戦争が野菜の生産・消費に影響し始めた．野菜の価格や作付ける野菜の種類が統制され，特に嗜好品のスイカやマクワウリの栽培は禁止され，イチゴやトウガラシの栽培も制限された．また食糧確保のために米やいも類の生産が重視されたことや，戦争により労力や資材が不足し，第2章の図Ⅰ-2-1に示したように一部を除いて野菜の生産量は激減し，野菜が不足する状態になった．ところが料理書では，食糧不足を反映して代用品を利用した料理が数多く登場するが，料理の内容は日本食に戻ることはなく，反って洋風や中華風の料理の割合が増えている．

(2) 戦後〜高度経済成長が始まるまで（1945-1957年）

　戦後も1949（昭和24）年頃までは物不足が続いたが，第2章で述べたように野菜の生産は早くに復活した．この年に野菜の統制が9年ぶりに撤廃され，市場ではセリが再開された．戦後間もない時期の料理書に登場する西洋料理の料理名やレシピは明治時代の初頭に戻ったかのようにほぼ欧米からの直輸入と思われる内容で，次の時代よりも欧米志向が著しく強く現れている．このため，この時期の料理書で上位に登場する野菜の種類や出現率は次の高度経済成長期と大差ないか，一部はそれ以上に先行している．すなわち，表Ⅰ-3-7に示すように，1947（昭和22）年から高度経済成長の始まる1950年代半ば過ぎまでの料理書に登場する主要な野菜は，タマネギ，ニンジンが1，2位を占め，ダイコン，ゴボウ，サトイモ，ウドがさらに地位を落とし，キャベツ，キュウリが地位を上げ，トマトもその地位を著しく上げ，ちしゃ（レタス）類，甘味トウガラシ類もさらに上位に進出している．また，アスパラガスが30位以内に入り，カリフラワーが40位近くまで進出している．この時期には既にピーマンが甘味トウガラシ類の中心になり，アスパラガスは缶詰のホワイトアスパラガスとともにグリーンアスパラガスが現れる．NHKの「きょうの料理」でアスパラガスが30位以内に入り，ホワイトよりグリーンが優勢になるのは1960年代の後半に

なってからである．また，レタス，ピーマン，カリフラワー，アスパラガスが農林省の生産統計に登場するのが 1964 年であることから，この時代の西洋料理に登場する野菜は著しく時代を先取りしていたことが分かる．

　このように料理書の世界が実態より著しく先行したのは，当時の社会的条件が影響しているとみられる．すなわち，敗戦のショックと米軍を中心とする連合軍の進駐により欧米志向が強まり，栄養的にも日本料理より西洋料理が優れているとして，「食生活の改善」が叫ばれた時代であった．米軍の放出品や MSA（相互防衛援助協定）などによって西洋風の食材や料理に触れる機会が全国的に大きくなったことも強く影響した．日本ではそれまでは野菜の栽培に下肥を使っていたので，米軍は大規模な養液栽培用施設を設け，清浄野菜を生産した．養液栽培はわが国に直ちに定着することはなかったが，肥料工業の復活とともに，下肥から化学肥料に代わり，サラダなど野菜を生で食べられるようになっていった．このような中で，戦前から進行しつつあった西洋野菜の普及が加速し，トマトのほかに「洋菜類」と呼ばれたレタス，ピーマン，カリフラワー，アスパラガスなどの生産と消費が急速に増えていった．さらに，1951（昭和 26）年に農業用プラスチックが実用化され，以後野菜の施設栽培が急速に拡大して，トマト，キュウリなどの果菜類や一部葉菜類では栽培時期が早まり，長期化して周年的に流通するようになった．

　この頃の料理書では，代表的なサラダ用野菜のレタスが「ちさ」あるいは「ちしゃ」という古い呼称と「レタス」，「サラダナ」といった新しい呼称が並行して表れ，フレンチドレッシングやマヨネーズソースなどのドレッシングの作り方が掲載され，サラダのレシピが盛んに登場している．また，西洋野菜として，トマト，ビート，セルリー，紫キャベツ，玉ちしゃ，ラディッシュ，パセリ，ピーマン，クレソン，ホウレンソウ，サヤインゲン，サヤエンドウ，アスパラガス，カリフラワー，コーンが挙げられている．これに対し中華料理では従来の野菜で間に合わせている．また，キュウリには中をくりぬいて肉を詰める料理があり，この頃には現在とは違って肥大の進んだ大きな果実が流通していたのである．

　次に，昭和初めから高度経済成長前までの料理書に現れる主要な香辛・調味野菜を表 I-3-8 に上げた．戦前にはパセリが大きく地位を上げており，タマネ

表 I-3-8 昭和初めから高度経済成長が始まるまでの時代の料理書に現れる主な香辛・調味野菜の出現率[z]

	終戦まで 1926-1943 (%)	終戦から高度経済成長が始まるまで 1947-1957 (%)
1	ショウガ 41.6	ショウガ 33.1
2	パセリ 12.2	パセリ 22.5
3	トウガラシ 8.7	ネギ 7.1
4	ワサビ 7.6	ワサビ 6.9
5	ネギ 6.1	トウガラシ 6.8
6	シソ 5.1	ダイコン 4.9
7	ミツバ 5.0	ニンニク 3.3
8	ダイコン 4.4	シソ 2.4
9	タデ 1.5	トマト 2.4
10	ミョウガ 1.5	ミツバ 2.3
11	ニンニク 1.3	ハーブ類 1.4
12	ハマボウフウ 1.0	タマネギ 1.0
13	ウド 0.7	セルリー 0.9
14	タマネギ 0.6	ニンジン 0.8
15	ハーブ類 0.4	ミョウガ 0.7

[z] 香辛・調味野菜全体の出現回数に対する割合.

ギ, ニンジンが香辛・調味野菜としての利用されるようになり, ハーブ類が登場するなど西洋化が進んでいる. しかし, 香辛料としてはショウガが断然多く, ワサビやトウガラシがこれに次ぎ, ニンニクの利用は従来と同様に少ない. そして戦後になるとパセリの利用が一段と増え, ニンニクやセルリーがシソ, ミツバといった従来の種類と同等にまで増加し, ハーブ類が増加するなど洋風化が一層進んだ. しかし, ニンニクの利用にはまだ慎重で, 例えば1958年の中華料理の料理書では, 「ニンニクは多すぎると問題で, その使用には注意が必要」との記述がある. 主要野菜にみられる著しい西洋志向は香辛・調味野菜には未だ表れていない. 香辛・調味野菜も食生活の変化に伴って変わっていったが, 主要野菜と比べると, 変化の速度が緩やかであった.

5. 「NHK きょうの料理」にみる高度経済成長期以降の野菜の変化

表 I-3-9 に高度経済成長期から現在までの間の野菜の消費に関わる変化と

「きょうの料理」に登場する野菜や料理の変化の概略を消費・流通動向と併せて示した．また，橘木（2004）による時代区分に従って経済情勢の変化も併せて示した．

(1)「きょうの料理」にみる食生活の変遷
a. 高度経済成長期（1958-1972年）

　NHKのテレビの本放送が始まって5年後の1958（昭和33）年に「きょうの料理」の放送が始まっている．テキストの「きょうの料理」は当初隔月発行であったが，次第に充実し，1969年に毎月発行になった．また当時は白黒の放送で，テキストの「きょうの料理」もグラビアを除いては白黒であったが，1966-67年にカラー放送になるとともに，次第にカラーが増え，1970年頃には全てカラーになった．この放送が始まった時期は高度経済成長が始まる時期で，1950年代後半には洗濯機，冷蔵庫，テレビが家電の三種の神器ともてはやされ，プロパンガスが普及し始めるなど台所のインフラが整いだした時代であった．しかし，当初の「きょうの料理」には食材にヨメナやツクシといった山野草や淡水魚介類のコイ，タニシが登場するなど「日本の食生活全集」にみられた戦前の食生活を残していた．また，当時の栄養状態を反映して脚気，結核，スタミナ不足や胃腸病向きの食事が掲載されている．その一方で，既に太りすぎ，高血圧，心臓病向けの料理も掲載されている．サラダ用のソース，ドレッシングの作り方や新しい西洋野菜が紹介されるとともに，ハクサイ，ウド，ミズナ，ホウレンソウ，タケノコ，ネギ，レンコン，ナガイモといった伝統的な野菜がサラダに用いられるなど今までの食材を新しい料理に用いる動きがみられる．そして，この時代が終わる1960年代末から70年代初めには，サラダ用野菜の解説が現れ，「施設栽培が盛んになってトマトの品種が少なくなり，限定されるようになった」といった記述が現れている．中華料理，イタリア料理の他にトルコ，インドネシア，インド，ベトナム，フィリピン等のエスニック料理の特集が出ている．このような動きは次の時代にさらに拡大して現れる．

b. 安定成長期（1973-1984年）
　この時期に入ると多様化，高品質志向を反映して西洋料理や中華料理向けの食材の数が増えてくる．イタリア料理やフランス料理の特集，イタリア風のドレッシングの作り方が掲載され，食材にアンチョビや缶詰の赤ピーマンが頻繁

表 I-3-9 経済,流通・消費と野菜に関する戦後の動向

	年	経済情勢	流通・消費動向
	1955		バイキング料理始まる
↑高度成長期↓	1960	所得倍増計画	スーパー誕生,インスタントチキンラーメン発売 テレビ,洗濯機,冷蔵庫が家電の三種の神器に 郊外レストラン登場
	1965		食品成分3訂
	1970		第1次流通革命 卓袱台からテーブルへ
↑安定成長期↓	1975	第1次オイルショック	コンビニ1号店出店 有吉佐和子「複合汚染」
	1980	第2次オイルショック	日本型食生活の推奨 大衆消費から個人消費に 食品成分4訂,食の外部化進行
		バブル隆盛	

に現れ,本物志向がうかがわれる.野菜では「完熟トマト」,サニーレタスが1970年代中頃から現れ,1980年代に入ると,チンゲンサイ,黄ニラなどの中国野菜,トレビス,マーシュといった新しい西洋野菜,細ネギ(小ネギ),ミニトマトが登場し,次第に野菜の種類が多様化していく.他方,1983年には高血圧,心臓病,高コレステロール,腎臓病,糖尿病,肝臓病向けの料理が特集され,

野菜を巡る情勢	きょうの料理
エシャロット登場	
セルリー，カリフラワー，レタスなど洋菜が家庭に	「きょうの料理」放送開始
カリフラワーの品種改良進む	洋菜類の解説
キュウリ果色が半白から緑色に	
ホウレンソウ雑種に，生鮮野菜の輸入自由化	冷凍野菜の料理法
ピーマン品種多数育成	
キュウリ品種白いぼに	
レタス，ピーマン，カリフラワーが洋菜類から独立した野菜に	
カボチャ西洋種に，野菜出荷安定法制定	料理の材料5人分から4人分に
サニーレタス命名	イタリア料理，中国料理の特集
ナス果実が中長の品種に	カラー放送に
	トマトの品種が少なくなったとの記事
	キムチ登場，テキストカラーに
中国野菜の導入	サラダ用野菜の解説
キャベツのグリーンボール	完熟トマトの呼称登場
黄心系ハクサイ	缶詰赤ピーマン登場
青首ダイコン	オクラ登場
カイワレダイコンの工場的生産	スパゲティ特集，サニーレタス登場
福岡の「万能ネギ」空輸による東京出荷	
スナップエンドウ導入	
中国野菜ブーム	韓国料理登場，イタリア・フランス料理特集，ミニトマト，チンゲンサイ登場
ズッキーニ導入	ハーブ類常時登場，イタリア料理に完熟トマト
	カイワレ，細ネギ，完熟トマト常時登場
	中国野菜，コウサイ登場
中国を中心に野菜輸入増加	トレビス，マーシュ登場

食生活の変化による健康への危惧が既にこの時期に現れている．

c．バブルの隆盛と崩壊期（1985-1992年）

　健康志向やライフスタイル，食生活の変化を反映して1989年から新たに料理に要する時間とカロリーが表示されるようになった．マンガ「美味しんぼ」のヒットや激辛ブームにみられるように世界中に食材を求めた「飽食の時代」を反映

表 I-3-9 経済，流通・消費と野菜に関する戦後の動向（続き）

↑バブルと崩壊↓	1985	プラザ合意円高へ	イタリア料理店増加 マンガ「美味しんぼ」ヒット 激辛ブーム エスニック料理ブーム 韓国料理ブーム 第2次流通革命，国際化
	1990	バブル崩壊	
↑消費低迷期↓	1995	デフレの進行	価格破壊 O157食中毒事件 イタリア料理ブーム
	2000		食品成分5訂 遺伝子組み換え食品，有機農産物表示義務づけ 食品安全基本法制定
	2005		食育基本法制定 産地偽装
		リーマンショック，金融危機	中国製ギョーザ中毒事件
	2010	東日本大震災と原発事故	各地の農産物放射能汚染による出荷制限

注）熊沢（1956），野菜園芸大事典（1977），小菅（1997），橘木（2004），辻井・上野

しているのか，安定成長期以来の傾向が一層強まった．また，韓国料理やタイ，インド，ベトナム等のエスニック料理が常時登場するようになる．野菜については，1980年代中頃からミニトマト，完熟トマト，中国野菜が常時登場し，ミニトマトでは赤だけでなく黄色の果実が，ピーマンでは緑色だけではなく，赤，黄色の果実が用いられ，カラフルになってくる．そしてハーブ類の種類が増え，出現回数が多くなる．

d. 消費低迷期（1993-2010年）

バブルの崩壊以降，デフレ基調のもとで消費が低迷している中，「きょうの料理」では，高齢化や健康志向を反映して骨粗鬆症，高血圧，糖尿病などの成人病

完熟トマト'桃太郎'登場 キュウリ　ブルームレスに 80年代後半ミニトマト一般化 水菜のサラダ利用	ニガウリ，赤・黄の果色のピーマン，ズッキーニなど登場 イタリアンパセリ登場 ハーブ類増加 エスニック料理常時登場 料理の所要時間とカロリーを表示
カラーピーマン輸入解禁 中国を中心に野菜輸入急増 ネギにセーフガード暫定発動 スプラウト発売	ルッコラ登場 韓国料理増加 モロヘイヤ登場 パプリカ登場 ドライトマト，フルーツトマト登場 ベビーリーフ，スプラウト登場 ミックスリーフ登場 料理の材料2人分に

(2008)，西東（2012）などから作成．

を防ぐための料理がしばしば掲載されるようになった．料理の材料は1965年以来長らく4人分で示されてきたが，家族員数の減少を反映して2009年に2人分で示されるようになった．また，グルメ志向を反映して，料理名だけでなく誰の料理かが関心を集めるのか，料理人の名前が前面に出る記事が多くなった．そしてイタリア，中国，韓国，エスニック料理の調味料が各種の料理に用いられるようになり，以前のように料理を和洋中華に分類するのが難しくなり，従来の料理の範疇を超えて融合した料理が誕生しつつあるようにみえる．野菜では，前の時代に引き続いて多様化が進行しているようにみえる．1997年のピーマンの輸入解禁を反映して，パプリカが登場した．前の時代に既に登場してい

た中国野菜や新しい西洋野菜のブームに引き続いて，ベビーリーフ，ミックスリーフ，スプラウト，ムスクラン，アルファルファモヤシ等の新しい芽物や高糖度トマト（フルーツトマト），サラダ用のゴボウ，ホウレンソウ，ミズナなどの新顔が登場した．

(2) 野菜の変化

表I-3-10には「きょうの料理」に登場した主要な野菜30種類を，表I-3-11には主な香辛・調味野菜を時代区分別に示した．

a. 主要野菜

この表で，高度経済成長期から安定成長期の間にトマト水煮を含むトマト類，ピーマンを中心とする甘味トウガラシ類，レタス，カリフラワー・ブロッコリー，アスパラガス，セルリーといった洋風料理向きの野菜の出現率が高くなっているが，それ以後の時期にはアスパラガスが増え続けている以外には，もはや上位30位以内の野菜に大きな変化はみられない．戦後一貫して消費量が減っているダイコン，ナス，ハクサイなどの伝統的な野菜もその出現率はあまり変わっていない．これは，和洋中華といった取り上げる料理の種類の間のバランスが考慮されているためか，あるいは西洋料理と洋菜類，日本料理と伝統野菜といった料理の種類と特定の野菜との結びつきが薄れていることによるのかもしれない．

タマネギとニンジンは和洋中華の料理に広く用いられ，やはりこの50年間にわたって最も出現率が高い．しかし，むしろ安定成長期以降には料理の世界では主要野菜に関しては出現率の変化は少なく，より質的な変化が大きかったと思われる．その例を2, 3挙げると，トマトでは完熟トマト，ミニトマト，高糖度トマト，調理トマト，ピーマンでは赤，黄色の果実やパプリカが登場し，ハナヤサイ類の中で当初はカリフラワーが主に用いられたが，その後ブロッコリーが加わったこと，キャベツでは寒玉，春系，サワー系，グリーンボールのように内容が多様化したことである．また，中国野菜，新しい西洋野菜が加わるなど，用いられる種類が増えた．このような変化をもたらしたのは，利用する消費側からは，①サラダなどの西洋料理に伝統的な野菜を取り入れようとする動きと，②本物志向の中で料理が生まれた国や地域の本場の食材を使おうとする動き，③新奇性，ファッション性を求める動きが働いていたことがうかがえ

表Ⅰ-3-10　「きょうの料理」に現れる主要な野菜の出現率[z]の変遷

	高度成長期 (1958-1972)	(%)	安定成長期 (1973-1984)	(%)	バブルの隆盛と 崩壊期 (1985-1992)	(%)	消費低迷期 (1993-2010)	(%)
1	タマネギ	11.4	タマネギ	10.5	タマネギ	8.3	タマネギ	9.2
2	ネギ	7.9	ニンジン	8.9	ニンジン	7.7	ニンジン	7.6
3	ニンジン	7.4	ネギ	6.3	トマト	6.5	トマト	6.8
4	キュウリ	5.9	キュウリ	5.7	甘味トウガラシ類	5.1	甘味トウガラシ類	5.4
5	トマト	4.6	トマト	5.5	ネギ	5.0	ネギ	4.9
6	エンドウ	4.5	甘味トウガラシ類	5.3	キュウリ	4.9	キュウリ	4.1
7	甘味トウガラシ類	4.3	エンドウ	3.9	レタス類	4.3	ダイコン	4.0
8	ダイコン	4.1	レタス類	3.8	ダイコン	4.2	キャベツ	3.4
9	タケノコ	3.6	ダイコン	3.6	セルリー	3.4	レタス類	3.3
10	キャベツ	3.6	セルリー	3.5	エンドウ	2.9	セルリー	2.8
11	レタス類	2.9	キャベツ	3.1	キャベツ	2.8	エンドウ	2.5
12	ナス	2.4	タケノコ	3.1	ナス	2.6	ナス	2.5
13	セルリー	2.2	ナス	2.4	タケノコ	2.0	ゴボウ	2.4
14	ハクサイ	2.2	インゲン	2.0	カリフラワー・ブロッコリー	2.0	カリフラワー・ブロッコリー	2.1
15	ゴボウ	2.1	ハクサイ	1.9	インゲン	1.9	レンコン	2.0
16	ホウレンソウ	2.1	ゴボウ	1.9	ゴボウ	1.8	ハクサイ	1.9
17	シュンギク	1.7	ホウレンソウ	1.8	ホウレンソウ	1.8	インゲン	1.7
18	インゲン	1.5	カブ	1.7	カブ	1.6	カボチャ	1.5
19	サトイモ	1.5	レンコン	1.4	カイワレ	1.6	アスパラガス	1.5
20	カブ	1.3	サトイモ	1.2	カボチャ	1.5	タケノコ	1.5
21	ミツバ	1.2	カリフラワー・ブロッコリー	1.2	クレソン	1.4	カブ	1.4
22	レンコン	1.2	モヤシ	1.1	ハクサイ	1.3	ニラ	1.4
23	ウド	1.1	カボチャ	0.9	アスパラガス	1.3	ホウレンソウ	1.3
24	モヤシ	1.1	シュンギク	0.8	レンコン	1.3	ヤマノイモ	1.2
25	ヤマノイモ	0.8	クレソン	0.8	サトイモ	1.3	モヤシ	1.2
26	カリフラワー・ブロッコリー	0.7	ニラ	0.7	ニラ	1.0	クレソン	1.2
27	カボチャ	0.7	ヤマノイモ	0.7	チンゲンサイ	1.0	サトイモ	1.1
28	コーン	0.6	コマツナ	0.7	モヤシ	1.0	コマツナ	1.0
29	ミョウガ	0.6	アスパラガス	0.7	ヤマノイモ	0.9	オクラ	0.9
30	フキ	0.5	ウド	0.6	ラディシュ	0.9	ミョウガ	0.9

[z] 野菜全体の出現回数に対する割合

る.第1の西洋料理に伝統的な野菜を取り入れようとした例として1960年代にピクルスの代わりにラッキョウ漬が用いられ,サラダにハクサイ,ミズナ,レンコン,生ホウレンソウ,タケノコ,ネギ,ヤマイモが用いられた.また西洋料理の食材として「……があれば」との記述が散在し,当時はまだ手に入りにくい食材があり,他の食材で代用している例が多い.そして第2と第3の例は80年代の中国野菜ブームやトレビス,マーシュ,ハーブ類といった西洋からの新野菜が登場したことを挙げることができる.特に,1985年頃から後の飽食の時代にはファッション性や新奇性を備えた野菜がもてはやされた.

　これに対して,生産側からは,消費動向に対応して,品種改良や栽培法を変えることによって消費動向に適応しようとする動きが働いた.その例として,サラダに適応しようとして1960年代にキュウリでは黒いぼの半白系の品種から緑色で,生食での肉質が優れる白いぼ品種に替わったことや各種の野菜でサラダ向きの品種が登場したことが挙げられる.

　安定成長期以降,数多くの新野菜が登場し,話題を集めたが,その全てが定着したわけではなかった.例えば,中国野菜として20種類程度が紹介されたが,「きょうの料理」に登場する種類は次第に絞られ,最近ではほぼチンゲンサイ,葉ニンニク,トウミョウ(豆苗)になっている.同様に1980年代に登場した新しい西洋野菜も2000年代初めまでは時々登場していたが,最近ではチコリーとルッコラ以外はほとんど現れない.新奇性やファッション性から登場した新野菜や新品種はブームが過ぎると集約されていったのである.ベビーリーフなどの新しい芽物類が2000年代から現れているが,今後どれが,どの程度定着するか興味のあるところである.また,このように新しい野菜が定着する理由を検討することは今後の新野菜,新品種の将来を考える上で有用と思われる.

b. **香辛・調味野菜**

　主要野菜では出現率の変化が少なかったのに対して,香辛・調味野菜はその後もなお変化が進行した.また出現率とともに,種類も変化している.イタリア料理,韓国料理,エスニック料理がしばしば取り上げられ,料理の数が増え,多様化したためである.その象徴はニンニクで,時代とともに利用が拡大し,2010年に初めて「きょうの料理」での出現率がショウガよりも高くなった.また,イタリア料理の人気の高まりや西洋料理の本物志向に伴ってイタリアンパセリ

表 I-3-11 「きょうの料理」に現われる主要な香辛・調味野菜の出現率[z]の変遷

	高度成長期 (1958-1972)	(%)	安定成長期 (1973-1984)	(%)	バブルの 隆盛と崩壊期 (1985-1992)	(%)	消費低迷期 (1993-2010)	(%)
1	ショウガ	30.8	ショウガ	25.5	ショウガ	22.3	ショウガ	20.8
2	パセリ	14.5	パセリ	14.5	ニンニク	14.1	ニンニク	18.4
3	ニンニク	10.4	ニンニク	12.7	パセリ	12.1	トウガラシ	9.9
4	ネギ	9.1	トウガラシ	8.2	トウガラシ	8.6	ネギ	8.1
5	トウガラシ	8.7	ネギ	7.4	ネギ	8.0	ハーブ類	6.3
6	タマネギ	4.3	ニンジン	5.1	タマネギ	5.7	パセリ	6.0
7	ダイコン	3.7	タマネギ	4.8	ニンジン	4.2	タマネギ	4.7
8	ニンジン	3.5	ハーブ類	2.9	ハーブ類	3.9	シソ	4.1
9	シソ	3.4	ダイコン	2.9	シソ	3.9	細ネギ	3.9
10	ワサビ	3.1	アサツキ	2.7	アサツキ	3.4	ニンジン	3.3
11	ハーブ類	1.8	ミツバ	2.5	ダイコン	2.7	ミツバ	2.8
12	ミツバ	1.4	シソ	2.4	ミツバ	2.5	ダイコン	2.3
13	タデ	0.7	ワサビ	2.2	ワサビ	1.6	アサツキ	1.9
14	セルリー	0.7	セルリー	1.4	セルリー	1.4	ワサビ	1.8
15	アサツキ	0.5	ミョウガ	0.5	コウサイ	1.2	コウサイ	1.1

[z] 香辛・調味野菜全体の出現回数に対する割合

やハーブ類が増加し，その一方で西洋料理の妻物の定番であったパセリが時代とともに地位を下げている．中国料理やエスニック料理の増加に伴いコウサイ（コリアンダー）の利用が増えている．これに対して減少傾向にある和風の伝統的な香辛・調味野菜の中ではネギ類が1970年に細ネギが登場したこともあって増加している．このように，新しい香辛・調味野菜が受容されるには時間が必要であり，日本人の嗜好の変化と料理の多様化・国際化を主要野菜よりも一層はっきりと表しているようにみえる（表 I-3-11）．

第4章　家計の中の野菜
　　　～高度経済成長の始まりから現在まで～

　総務省の「家計調査報告」によって高度経済成長期から今日までの家庭における野菜の消費動向を知ることができる．取り上げられている個別の野菜は，1956年にはキャベツ，ホウレンソウ，ハクサイ，ネギ，サトイモ，ダイコン，ニンジン，ゴボウ，タマネギ，キュウリ，ナス，トマトの12種類で，1962年にはカブ，レンコン，サヤ豆，カボチャ，ピーマン，スイカ，1965年にカリフラワー，レタス，イチゴ，1969年にタケノコと拡大され，その後1981年にメロンが調査対象になり，1990年にブロッコリーがカリフラワーと入れ替わり，2001年にカブが外れて，現在は22種類である．なお，その他の野菜は野菜全体の中に含まれている．また，家計調査ではサツマイモ，バレイショやキノコ類が野菜に含まれ，イチゴ，メロン，スイカは果物類に含まれている．

1. 家計調査報告にみる食生活の変化

　野菜の変化をみる前に，この55年間の食生活の変化を家計調査報告からみてみよう．図Ⅰ-4-1に消費支出のうちの食料費の変化を示し，パンや肉類，卵・乳製品の購入額の変化を図Ⅰ-4-2に，外食や惣菜など中食に相当する調理食品の支出の変化を図Ⅰ-4-3に示した．
　消費支出，食料費はともに経済成長とともに急速に増加し，1990年代に最大になり，食料費は1人当たり年間約30万円に達したが，2000年代に入ると減少傾向にある．食料費が消費支出に占める割合は2000年頃までの45年間下がり続けて，およそ25％程度に達した後はあまり変化していない．米の購入額は現在まで減り続けているのに対し，パンは現在まで増加し，食生活の洋風化が今もなお進行しているようにみえる．なお，2011年にパンと米の購入額が逆転して話題になった．肉類，卵・乳製品は1990年代までパン以上に急激に増加した．戦後の日本人の食生活の変化は副食物の肉類，卵・乳製品の消費が先行し，主食の変化は徐々に進行したことを示している．また，外食への支出は1990

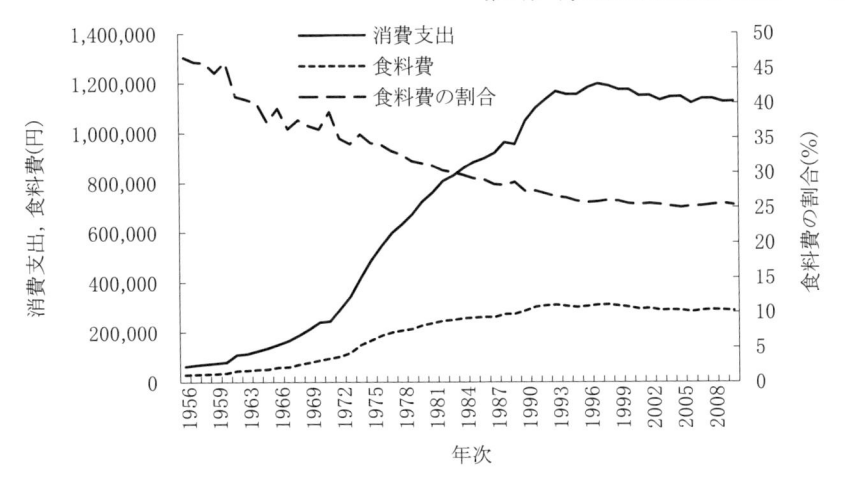

図Ⅰ-4-1　年間1人当たりの消費支出と食料費の推移

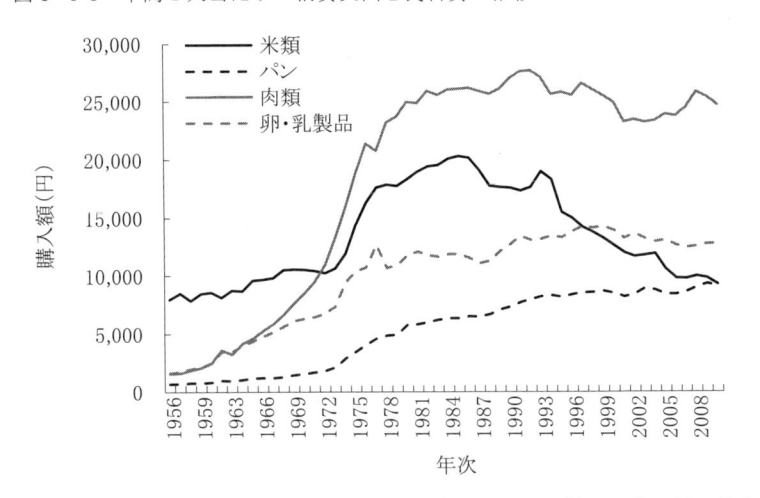

図Ⅰ-4-2　年間1人当たりの米，パン，肉類，卵・乳製品の購入額の推移

年代半ばまで急速に増加したが，その後は停滞または減少傾向にあり，調理食品への支出は1980年代から増加し，2000年代のごく最近になって停滞傾向にある．ほとんどの費目は1990年代半ばのバブル最盛期からその後の数年の間に最高に達し，それ以後の消費減退期に入ると減少もしくは停滞している．

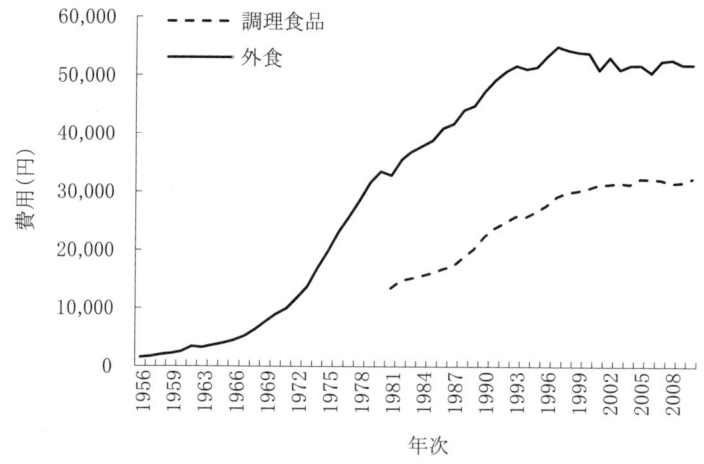

図Ⅰ-4-3　年間1人当たりの外食費と調理食品費の推移

2. 野菜消費の変化

(1) 購入額・購入量の推移

　生鮮野菜の購入額は1956年以来増加し，肉類や卵・乳製品と同様に1990年代のバブル最盛期から崩壊直後に最高に達し，その後減少している．しかし，購入量はそれ以前の1970年代から漸減しており，購入額の増加は価格の上昇と野菜の種類が変化したことによるものであった（図Ⅰ-4-4, 5）．図Ⅰ-4-6に示すように1世帯の人数は1956年の4.5人強から2010年には3人強にまで減少している．この家族人数の減少は主として摂取量の少ない子どもの減少によることを考慮すると大人1人当たりの家庭内での消費量も相当程度減少してきたことが分かる．食料費に占める生鮮野菜の割合は1960から70年代にかけては8%強で，しかも年によって相当大きく変動しており，野菜価格の高騰が社会的に関心を集めたことを裏付けている．その後は安定しながら漸減し，最近7%程度に下がっている．この理由として野菜の消費量が減少していることに加えて，輸入の増加などにより価格が下がり気味であること，さらに外食や中食での消費が増えて，家庭で購入される野菜の量が減っていることも影響しているとみられる．また大塚（2004）はある程度量が食べられるようになると，より高級で高価な食材への切り替えを進めていったのが日本における食の贅沢化の

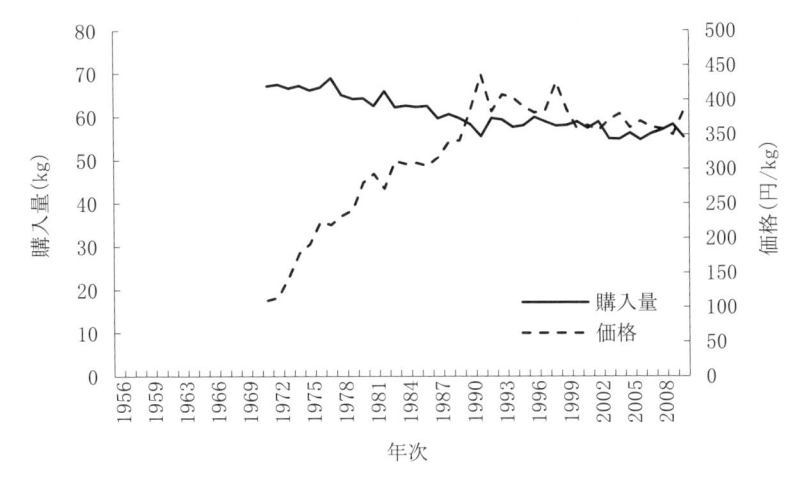

図Ⅰ-4-4　年間1人当たりの生鮮野菜の購入量と価格

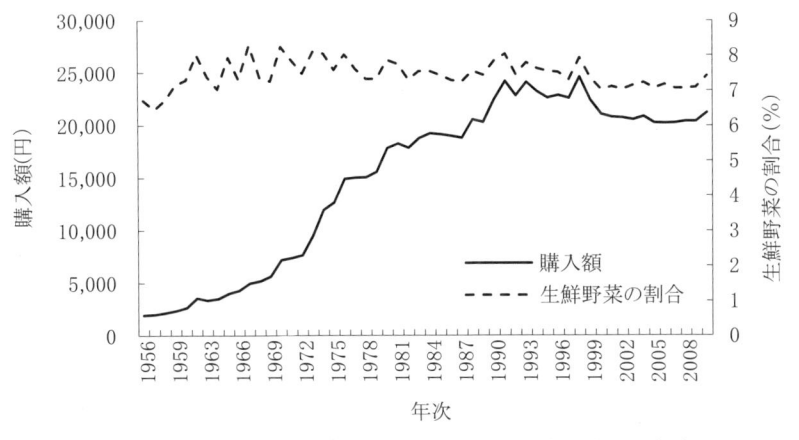

図Ⅰ-4-5　年間1人当たりの生鮮野菜の購入額と食料費に占める割合

特徴であると指摘している．野菜の消費にもこのような特徴が現れているようにみえる．

(2) 家庭で購入される野菜の変化

1956-2010年の野菜の種類別の購入量の変化を表Ⅰ-4-1に，購入額の変化を表Ⅰ-4-2に示した．野菜は種類によって，調理法，食べ方，栄養成分が異なるので，単純に重量だけで食生活における重要度を判断できないが，購入量からみると，この55年の間，ダイコン，ハクサイ，キャベツ，タマネギの葉根菜類

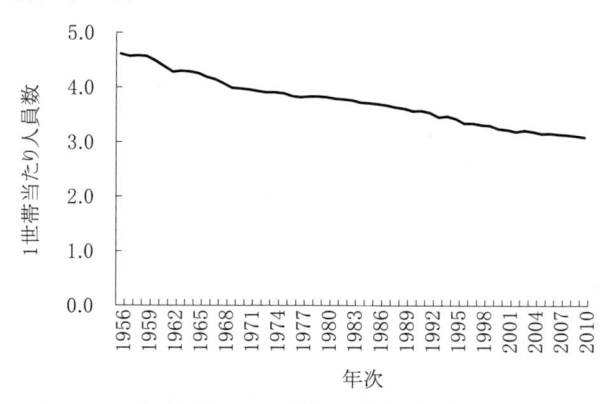

図 I-4-6　家計報告にみる世帯人員数の推移

表 I-4-1　野菜の種類別購入量の推移（kg/人/年）

	高度成長期 (1956-1972)		安定成長期 (1973-1984)		バブルの隆盛と 崩壊期 (1985-1992)		消費低迷期 (1993-2010)	
1	ハクサイ	7.70	キャベツ	6.18	ダイコン	5.93	ダイコン	5.27
2	ダイコン	7.30	ダイコン	5.91	キャベツ	5.51	キャベツ	5.24
3	キャベツ	6.24	タマネギ	5.21	タマネギ	4.88	タマネギ	4.90
4	タマネギ	4.81	ハクサイ	5.05	キュウリ	3.94	トマト	3.67
5	キュウリ	4.67	キュウリ	4.92	トマト	3.55	キュウリ	3.08
6	トマト	3.55	トマト	3.88	ハクサイ	3.27	ニンジン	2.76
7	ナス	3.15	ナス	2.51	ニンジン	2.70	ハクサイ	2.72
8	ネギ	2.76	ニンジン	2.43	ナス	1.99	レタス	1.71
9	ホウレンソウ	2.53	ホウレンソウ	2.03	ホウレンソウ	1.97	ナス	1.71
10	ニンジン	1.93	ネギ	1.85	レタス	1.72	ネギ	1.68
11	サトイモ	1.64	レタス	1.55	ネギ	1.60	カボチャ	1.57
12	カボチャ [z]	1.02	サトイモ	1.35	カボチャ	1.55	ホウレンソウ	1.47
13	ゴボウ	0.86	カボチャ	1.19	サトイモ	1.27	ブロッコリー	1.01
14	カブ [z]	0.78	ピーマン	0.87	ゴボウ	0.78	サトイモ	0.97
15	レタス [y]	0.73	ゴボウ	0.78	ピーマン	0.75	ピーマン	0.79
16	ピーマン [z]	0.64	カブ	0.66	カブ	0.57	ゴボウ	0.73
17	レンコン [z]	0.48	レンコン	0.47	レンコン	0.46	レンコン	0.41
18	カリフラワー [y]	0.28	カリフラワー	0.31	カリフラワー [x]	0.19		

[z] 1962年より，[y] 1965年より，[x] 1990年まで．

が上位を占め，これらの野菜が量的には家庭で消費される主要な野菜であった．そして，果菜類のキュウリ，トマト，ナスがこれらの野菜に次いで購入量が多い．キュウリ，ハクサイ，ナスが時代とともに減少しているのは，漬物を家庭内で漬けることが少なくなるなど，日本料理の比重が相対的に下がっているこ

表 I-4-2　野菜の種類別購入額の推移（円/人/年）

	高度成長期 (1956-1972)		安定成長期 (1973-1984)		バブルの隆盛と崩壊期 (1985-1992)		消費低迷期 (1993-2010)	
1	キュウリ	390	キュウリ	1327	トマト	1584	トマト	1940
2	トマト	296	トマト	1034	キュウリ	1508	キュウリ	1209
3	キャベツ	251	タマネギ	769	ホウレンソウ	905	ネギ	973
4	タマネギ	241	キャベツ	762	キャベツ	877	タマネギ	893
5	ナス	221	ナス	684	ナス	822	ホウレンソウ	814
6	ダイコン	215	ダイコン	663	ネギ	812	キャベツ	797
7	ハクサイ	205	ホウレンソウ	611	ダイコン	810	ニンジン	780
8	ネギ	188	ネギ	549	タマネギ	799	ナス	727
9	ホウレンソウ	164	レタス	514	ニンジン	729	ダイコン	695
10	ニンジン	134	ニンジン	501	レタス	710	レタス	693
11	サトイモ	133	ハクサイ	442	サトイモ	459	ピーマン	515
12	レタス[y]	116	サトイモ	389	ハクサイ	452	ブロッコリー	475
13	ゴボウ[z]	106	ピーマン	356	カボチャ	447	カボチャ	458
14	ピーマン[z]	103	ゴボウ	296	ピーマン	426	ハクサイ	414
15	レンコン[z]	77	カボチャ	261	ゴボウ	421	ゴボウ	400
16	カボチャ[z]	75	レンコン	224	レンコン	278	サトイモ	387
17	カブ[z]	41	カブ	97	カブ	118	レンコン	270
18	カリフラワー[y]	38	カリフラワー	76	カリフラワー[x]	55		

[z] 1962年より，[y] 1965年より，[x] 1990年まで．

とを反映している．ダイコンも減少傾向にあるが，その程度は少ない．トマト，ニンジン，レタス，ブロッコリーの増加は食生活の洋風化を表している．

一方，購入額からみると，1950年代の高度経済成長が始まった時期にはキュウリ，トマト，ダイコン，キャベツ，ハクサイ，ナス，タマネギが上位を占めていたが，その後，ダイコンとハクサイの順位は下がり，トマトやホウレンソウ，ネギの地位が上がっている．果菜類のうちキュウリは量的には少なくなっているが，金額では1980年頃までトップであり，その後も現在まで長く第2位の地位を占めてきた．トマトは1980年代後半からトップの地位を占めている．購入額からみて，トマト，キュウリ，タマネギ，ネギといった野菜が家計の中で大きな比重を占めていることになる．

さらに，購入量と購入額の月変動をみると，購入量では，ニンジン，タマネギ，キャベツが年間の変動係数が最も小さく，季節に関わらず年間を通じて安定して購入される傾向が強く，これに次いで，カボチャ，レタス，ブロッコリー，ダイコン，ネギで変動係数が小さい．これに対して，キュウリ，ホウレン

表 I-4-3 1ヶ月当たりの野菜の購入量と購入額の年間の変動係数(家計調査報告 2001-2010)

		購入量 (%)	購入額 (%)	差 (%)	購入量の多い月
	野菜全体	8.15	7.68	0.47	
1	ニンジン	12.07	12.42	-0.35	10～12月にやや多い
2	タマネギ	13.24	17.43	-4.19	2～5月, 9～12月にやや多い
3	キャベツ	13.95	19.22	-5.27	3～6月, 8～10月
4	カボチャ	21.73	21.96	-0.23	7～10月
5	レタス	24.70	15.21	9.49	4～9月にやや多い
6	ピーマン	27.70	19.55	8.15	4～9月にやや多い
7	ブロッコリー	27.98	19.86	8.12	11～2月
8	ダイコン	28.23	25.56	2.67	10～12月
9	ゴボウ	30.46	25.82	4.64	9～12月
10	ネギ	30.54	17.45	13.09	10～1月
11	キュウリ	36.95	21.44	15.51	5～9月
12	ホウレンソウ	40.77	26.34	14.43	11～3月
13	トマト	41.39	27.64	13.75	5～8月
14	レンコン	58.52	56.60	1.92	10～12月
15	サトイモ	59.06	53.45	5.61	12月
16	ナス	60.17	49.09	11.08	6～9月
17	ハクサイ	73.05	55.95	17.10	10～11月

ソウ,トマトは変動が比較的大きく,季節による購入量の変動が比較的大きい.レンコン,サトイモ,ナス,ハクサイが最も変動が大きい.そして,ニンジン,タマネギ,キャベツは購入額の変動係数が購入量の変動係数より大きく,これらの野菜は価格が変動しても量的に安定して購入される傾向がある(表 I-4-3).

これまでの料理書と家計調査報告の結果から,現代の食生活における野菜の役割を次のように分類できる.まず,ニンジン,タマネギ,キャベツは和洋中華などの各種の料理に広く利用され,出現率が高く家庭で年間を通じて常時安定して購入され,家庭における基本的な野菜である.キュウリはこれらの野菜と似て漬物からサラダまで利用されているが,季節性が強いのが特徴である.また,ダイコン,ハクサイは消費が減っているとはいえ,ネギとともに購入量が多く,日本食を中心に広く利用されている.トマトは「きょうの料理」では料理への出現率が高く,家庭での購入量が多い野菜で,時代とともに出現率,購入量ともに増加して,日本人の食生活における重要性が増している.また,購入額が大きいが,季節による変動が大きい.このようにトマトやキュウリは購

入額が大きい野菜であるが，ともにタマネギ，ニンジン，キャベツと比べると嗜好品的な性格が強い．洋菜類のうち先行して普及したレタス，ピーマンが西洋料理の普及とともに一定の地位を占め，後発のブロッコリー，アスパラガスが現在その地位を高めつつある．

第5章 料理書と家計からみた野菜の「旬」と消費の季節性

1. 野菜の旬と初ものと料理書の中の季節性

　「旬」は日本人の食生活で常に話題になり，その中でも野菜は旬がしばしば話題になる食品の1つである．ところが野菜では生産が周年化し，輸入も増えているので年間を通じてほぼ全ての野菜がスーパーに並ぶようになり，野菜の季節性が失われた，あるいは旬がなくなったとの声が聞かれる．そこで今までみた料理書と家計から野菜消費の季節性について考えてみたい．
　旬の由来について神崎（2010）は，次のように述べている．「（日本人は）季節の変わり目を，かつては敏感に意識して息災を祈念した．食養生をもって自力再生を図り，神頼みして他力再生をはかるしかなかった．そうした行事を毎年繰り返して行う結果が，日本人をして季節のうつろいを大事にする文化性を醸成させて，'旬の文化'を発達させた」．「初ガツオ」に象徴されるように，旬を先取りした初ものを尊ぶ傾向は特に江戸時代に発達し，野菜でも前に述べたようにナスやシロウリなどの早出し栽培の時期を定めたお触れが出されている．野菜の促成栽培は時代が下るとともに，盛んになり，特に1951年の農業用プラスチックの実用化以来ほとんどの野菜で早出しが行われ，やがて周年的に生産されるようになった．このように促成栽培はその起こりから考えると，日本人の初もの好きに応えた早出し野菜が高値で取引されたので，農家が盛んに取り組んだ結果である．つまり，初もの好きの日本人の嗜好に合わせた結果である．ところが，季節の先取りであったはずが，皮肉にも，季節感を失ったとの嘆きが聞かれるようになった．特に1982（昭和57）年に発表された食品標準成分表四訂で野菜のビタミン類などの栄養成分の含量が前の三訂と比べて下がり，施設野菜が増えたことがその原因の1つとされ，併せて施設栽培によって周年的に生産されるようになって旬が失われたとの声がよく聞かれるようになった．
　それでは旬は一般にどのように定義されているのだろうか．小学館の「国語大辞典」（1981）によると旬とは「魚介・果物・野菜など，季節の食物が出盛りの時，物が良く熟した時節，また最も味がよい季節」としている．そして野菜で

は，相馬(1996)は，「旬とは季節に合わせて自然が提供してくれる食材を食べ，暮らしていく生き方，人間のバイオリズムに合わせた生き方」としている．また，日本ベジタブル＆フルーツマイスター協会（以下マイスター協会）発行の「野菜のソムリエ」(2003)では，旬とは「おいしく食べられる時期であると同時に体にとって必要な栄養素をふんだんに含んでいる時期であり，季節ごとの食べ物と体のリズムとのつながりを表している．つまり，体が求めている時期である」と相馬と同じように定義している．この2つの定義は辞典と比べるとやや観念的であるが，神崎が述べている旬の概念に近い．

　実際に，個々の野菜の旬とされている時期をみると，一番おいしい時期，栄養分の多い時期，生育適温の時期，あるいは露地栽培でとれる時期を指している場合が多いようである．しかしながら，厳密に考えてみるとこの4つの時期は常に一致するとは限らないし，地域によってあるいは人によっても異なることがある．相馬とマイスター協会が個々の野菜の旬としている時期を表I-5-1に示した．両者が旬としている時期は，多くの野菜でほぼ一致しているが，カボチャ，キャベツ，タマネギ，レタスで違っている．この違いはおそらく，相馬が主として北海道からみているのに対して，マイスター協会が東京を中心とした本州中央部からみているといった地域の違いと前者がどちらかというと生産側の観点に立っているのに対し，後者が消費側の観点に立っているという違いが現れているのであろう．また，人体のリズムと結びつけて考えると，地域によって生産あるいは消費される時期が異なるので，旬を追求すると，「身土不二」や「医食同源」など地産地消に行きつくように思われる．

　表I-5-1には相馬，マイスター協会が旬としている時期に加えて，最近20年間の「きょうの料理」に登場する野菜の月別の出現頻度の変動係数と主な出現時期を示した．「きょうの料理」での各野菜の主要な出現時期はマイスター協会が旬としている時期とほぼ一致している．料理人・料理研究家の間では野菜の旬が強く意識されていることが分かる．野菜の種類別にみると，タマネギ，ニンジン，レタス，ネギで出現頻度の変動係数が低く，年間安定的に登場し，ピーマン，キャベツ，ゴボウなどがやや高く，次いでキュウリ，トマト，ダイコンなどで高く，ナス，ハクサイ，アスパラガス，サトイモなどが最も高い．このように種類によって出現頻度の変動係数に大きな違いがあり，料理の専門家

表 I-5-1 相馬およびマイスター協会による主要な野菜の旬と「きょうの料理」の出現率からみた野菜の季節性

	相馬（1996）	マイスター協会（2003）	きょうの料理（1991〜2010）における出現率	
			変動係数（％）	出現率の高い時期
ニンジン		11月	20	11〜2月にやや多い
タマネギ	産地で移動	2〜4月	15	4月に多く，その他の月はほぼ平準
キャベツ	春，夏，秋の播種期の収穫物	3〜5月	44	3〜5月
カボチャ	西洋カボチャは秋〜初冬 日本カボチャは2〜5月	6〜7月	78	6〜9月
レタス	4〜5月，10〜11月	7〜8月	27	3〜9月にやや多い
ピーマン	7〜8月	7〜8月	40	4〜10月
ブロッコリー	11〜3月	12〜2月	65	10〜2月
カリフラワー	冬	12〜1月	85	10〜2月
ダイコン	秋〜冬	12〜2月	68	10〜2月
ゴボウ	晩秋〜冬	11〜1月	40	10〜2月
ネギ	根深ネギは冬 葉ネギは夏	11〜12月	31	8〜2月
キュウリ	夏	7〜8月	64	5〜9月
ホウレンソウ	11〜3月	12〜2月	54	10〜3月
トマト	夏	7〜8月	70	6〜9月
レンコン		2〜3月	52	9〜2月
サトイモ		10〜11月	87	9〜2月
ナス	6〜9月	7〜9月	116	6〜9月
ハクサイ	冬	12〜1月	107	11〜2月
カブ		10〜11月	71	10〜2月
アスパラガス	5，6月	5月	103	5月中心に3〜6月

でも季節性が強く意識されている野菜と比較的弱い野菜があることが分かる．

2. 家計からみた野菜消費の季節性

それでは，家庭での生鮮野菜の消費の季節性はどのようになっているかを最近10年間の家計調査報告から解析した表を前章に示した（第4章　表 I-4-3）．ニンジンは購入量，購入額ともに変動係数が最も小さく，年間を通じて一定量安定して購入される．ハクサイは購入量，購入額ともに最大で，季節性が最も大きい．タマネギ，キャベツはニンジンとともに年間の変動の少ないグループで季節性が小さく，これに次いで，カボチャ，レタス，ブロッコリー，ダイコ

ン，ネギが変動係数30％程度またはそれ以下である．また，キュウリ，ホウレンソウ，トマトは40％前後と変動が比較的大きく，サトイモ，レンコン，ナスとハクサイは50％から70％強で変動が非常に大きく消費の季節性の大きい野菜である．これらの傾向は表Ⅰ-5-1に示した「きょうの料理」での出現頻度の変動係数の傾向とほぼ一致し，購入量の多い時期もほぼ一致している．このように野菜の季節性が失われたといわれながらも，現在の日本人の野菜の消費には意識的にせよ無意識的にせよ季節性が現れているようにみえる．反面，表Ⅰ-4-3と表Ⅰ-5-1を細かくみると，一部の野菜で「きょうの料理」と家計調査報告の間で季節性にずれがみられる．その例としてダイコン，カボチャ，ブロッコリーを挙げられる．これらの野菜はいずれも「きょうの料理」での出現率の変動係数が高く季節性が強く意識されているが，「家計調査報告」では購入量の変動は少なく，一般家庭では料理界ほど季節性が意識されていないことを示している．

なお，野菜の購入には価格という経済的な要因も影響するが，野菜の旬は多くの場合生育適温の露地で栽培できる時期とみなされている．一般的にはこの時期は生産量が多く，価格の安い時期でもある．そこで表Ⅰ-5-2に「家計調査報告」で野菜の購入価格の安い時期と価格の年間の変動係数を示した．価格の

表Ⅰ-5-2 購入価格の年間の変動係数と価格の安い時期（家計調査報告，2001-2010）

	価格の変動係数（％）	価格の安い時期
ニンジン	12.71	11〜3月
タマネギ	8.94	6，11月
キャベツ	19.99	6〜12月
カボチャ	14.52	9〜10月，1月
レタス	24.97	4〜7月，11月にやや安い
ピーマン	19.20	5〜11月
ブロッコリー	13.60	12，2〜3月
ダイコン	17.14	11〜2月
ゴボウ	7.80	11〜12月
ネギ	19.11	11〜3月
キュウリ	23.31	5〜8月
ホウレンソウ	25.32	11〜12，2〜3月
トマト	17.00	6〜8月
レンコン	18.59	1〜4月
サトイモ	16.00	10〜4月
ナス	18.06	7〜10月
ハクサイ	26.64	11〜2月

安い時期は表Ⅰ-5-1の旬とみなされている時期とほぼ一致し，表Ⅰ-4-3の購入量の多い時期ともほぼ一致している．すなわち，旬とされる時期は価格が安い上に，スーパーなどが旬の商材として特売の対象となる機会が多いので，野菜の旬や季節性には消費者の意識に加え価格や流通業界の販売戦略も影響していると思われる．

次に1956年から現在までの家計調査報告における主要野菜の購入量の変動係数の推移を図Ⅰ-5-1, 2, 3に示した．葉菜類と根菜類は変動係数が年とともに緩やかに下がってきたのに対して，果菜類は1970年頃まで急速に変動係数が減少し，その後は緩やかに減少している．このような果菜類と葉・根菜類の間の違いは，1951年の農業用プラスチックの実用化以降，果菜類がビニルハウスを中心とした施設で栽培されるようになって，生産の周年化が急速に進み生産が安定したことが主要な理由であろう．一方，露地栽培が中心の葉菜類や根菜類では基本的に夏秋期は冷涼な高冷地や寒冷地で栽培され，冬春期には温暖地で栽培されるという産地リレーにより供給されること，また施設栽培の果菜類よりも気象変動の影響を受けやすいので，品種改良，施肥・灌漑技術やマルチ，トンネル，べたがけ（注）など種々の生産技術の進歩によりゆるやかに生産が安定化してきたこと，また需給調整のための契約栽培や価格高騰時の緊急輸入，価格暴落時の市場隔離などの行政施策が行われ，近年は野菜の輸入が増加する

図Ⅰ-5-1 主要葉菜類の購入量の季節変動の推移

図Ⅰ-5-2　主要根菜類とタマネギの購入量の季節変動の推移

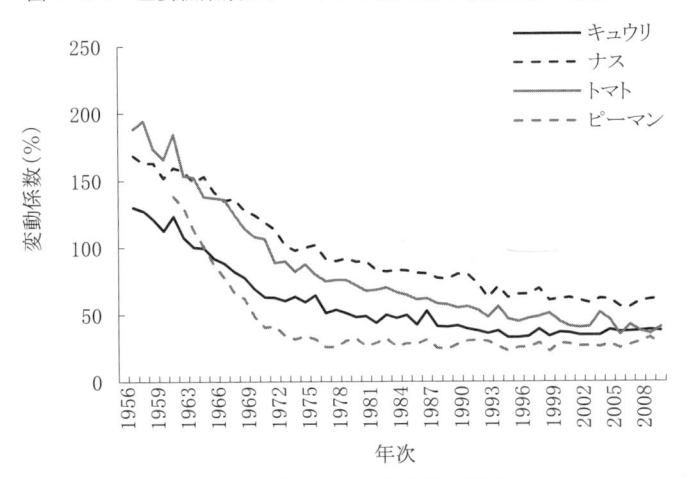

図Ⅰ-5-3　主要果菜類の購入量の季節変動の推移

などの理由で安定的に供給されるようになって変動係数が緩やかに減少してきたと思われる．

　キャベツ，ニンジン，タマネギ，ピーマン，キュウリ，レタスや図には示さなかったが，ネギ，レンコン，カボチャ，ブロッコリー，サトイモの変動係数は一定値に近づき，最近の10-15年間はほとんど変わっていない．また，ハクサイ，ダイコン，トマト，ナスでは変動係数の減少が続いているが，減少程度

は極度に小さくなっている．このように多くの野菜で年間の購入量の変動は時代とともに小さくなってきたが，表 I-4-3 や図 I-5-1, -2, -3 から日本的な野菜であるナス，ハクサイ，レンコン，サトイモは変動係数が大きく，季節性が強いのに対して，西洋料理に多く用いられるレタス，ピーマン，ブロッコリーは比較的季節性が弱いことが分かる．特に，果菜類のうち耐寒性などの生育特性が似ていて，ともに低温期には施設で栽培され，高温期には露地で栽培されるナスとピーマン，葉菜類のうちでともに高温に弱く，低温期は暖地，高温期は寒冷地や高冷地で栽培されるハクサイとレタスは変動係数が大きく異なる．これはナスとハクサイが和風料理に多く用いられ，ピーマンとレタスが洋風料理に多く用いられるという消費側の理由によるものと思われる．すなわち，季節性を重視する日本料理に対して，季節性の弱い西洋料理という料理による違いが強く表れている．したがって，日本料理のように季節性の強い料理に多く用いられる野菜では周年化の進行はある程度限られているが，洋風，中華などの料理に多く用いられる野菜は消費の周年化がより大きく進行する傾向がある．

（注）べたがけ：作物の保護・凍霜害防止，遮光，昇温抑制，防風，防虫などの目的で，通気性のあるフィルムで作物を覆う被覆法．

3. 国際化の中の野菜の季節性

しかしながら，その一方輸入量が増えて周年的に流通するようになり，季節性があまり意識されなくなりつつある野菜もある．その例としてカボチャ，ブロッコリーとアスパラガスを挙げることができる．カボチャ，ブロッコリーは前述のように季節性に関して家庭消費と料理書の間のずれが大きい野菜でもある．カボチャは品種が日本カボチャから西洋カボチャに変わり，食味が良くなって需要が増える一方で，輸入が増えて年中スーパーに並ぶようになり，かつては露地栽培が中心で国内での生産時期が限られていたので夏から秋の野菜であったが，現在は果菜類の中では家庭での購入量の季節変動が最も少なくなっている（表 I-4-3）．東京市場の取扱量をみると，春と秋及び 12 月にやや多めであるが，年間を通じて流通している．そしてカボチャのもともとの旬に当た

る7-10月は国内生産が多く,ほぼ100%が国産であるが,その他の時期は,2-4月にニュージーランド,12月と4月を中心にメキシコ,11月に南太平洋地域といった国々からの輸入品の比率が高く(図Ⅰ-5-4-1),流通からみると季節性を失いつつある.ところがそうした中で12月の取扱量が前後の11月や1月と比べて多いのは冬至にカボチャを食べるという習慣によるもので,季節性が一部になお根強く残っている.

ブロッコリーは1990年代にアメリカからの輸入と国内生産の増加により年間安定して流通するようになり,緑黄色野菜の1つとして需要が増え,現在は季節性が非常に薄らいでいる.東京市場の取扱量からみると,6-8月と4月にやや少ないものの年間を通じて安定的に流通している.カボチャと比べると季節を通じて国産の比重が高い.国別ではアメリカからの輸入が圧倒的に多く年間を通じて定常的に輸入されている(図Ⅰ-5-4-2).また,アスパラガスはもともとは収穫期が短く,生鮮アスパラガスは5-6月の短期間だけ出回り,表Ⅰ-5-1に示すように「きょうの料理」でも出現率のピークが5月で,その変動係数が最も高い野菜の1つで,季節性が非常に強い野菜であった.ところが,現在では図Ⅰ-5-4-3に示すように国産アスパラガスの流通は6-9月が中心で,国内生産の少ない秋から春には輸入品の割合が高く,日本への最大の輸出国であるメキシコが2,3月,アメリカが4月,オーストラリアが10月,ペルーやタイ・フィリピンといった国々が冬季と分担する形で輸入されている.加えて,近年は長期どり栽培や冬季の伏せ込み栽培といった技術が開発されて国内での生産時期も長くなっている.このように周年的に流通し,スーパーの売り場に常時登場しているので,消費者の間で季節性の意識が薄れているように思われる.

このように,輸入がこれらの野菜の消費の季節性を弱めてきた大きな要因であったが,カボチャとアスパラガスは気象的にわが国で生産が難しい時期を埋める役割を果たすことにより季節性を弱めてきたのに対して,ブロッコリーは輸入によって需要が喚起され,現在も国内産の不足を補う形で輸入されている.

4. 旬・季節性の将来

それでは今後日本で野菜の消費が年間平準化して,季節性が完全になくなっ

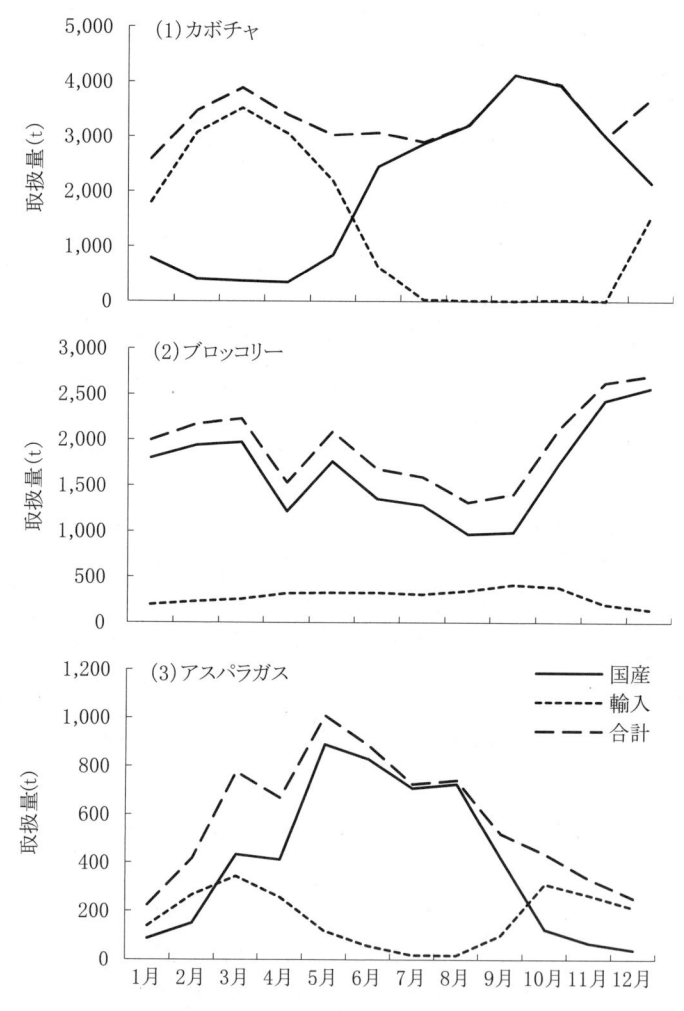

66　第5章　料理書と家計からみた野菜の「旬」と消費の季節性

図Ⅰ-5-4　東京市場におけるカボチャ，ブロッコリー，アスパラガスの取扱量の年間の推移（2007-2011）

てしまうかといえばそうではないように思われる．今まで減少してきた野菜の購入量の変動係数は近年ほとんどの野菜で一定値に近づき，高度経済成長以降の消費の周年化の動きもほぼ終わりに近づきつつあるようにみえる．また野菜の季節性や旬は流通の世界でも，料理の世界でも家庭消費でも根強く生きている．例えば，ハクサイ，ネギは流通業界や小売業界では鍋物商材と呼ばれ，ス

ーパーで秋から冬の気候の寒い時期に売り場を広げて，目玉商品として特売が設定され，広告媒体による売り込みが行われている．一方，レタス，トマトはサラダ商材として，春から夏に売り込みが行われている．スーパーやコンビニの惣菜などの調理食品もある程度旬や季節性を意識して販売されている．また，料理書にお節料理，彼岸，盆，節句といった季節を意識した料理が取り上げられ，季節性が薄まっているとみられるタマネギ，ニンジンでも料理書では新タマネギ，新ニンジン，キャベツは春キャベツと季節性が意識されていることからも，これらの野菜でも季節性が失われていないことが分かる．基本的に日本のように季節の移り変わりがはっきりしていて，夏が高温多湿で，冬が比較的寒冷な気候条件では夏にサラダなどの冷たい料理が好まれ，冬季には鍋物などの温かい料理が好まれることは今後とも変わることはないであろう．もし，将来日本人の野菜の消費に季節性がなくなるとすれば，輸入を含めて周年的に流通し，日本人のライフスタイル全体が変わり季節性を意識しなくなった場合が考えられるが，そのような状況が近い将来現実になることは予想しにくい．

なお，施設栽培や促成栽培に対して時として「季節性や旬を無くした」との批判が向けられることがあるが，高度経済成長期以前の施設栽培が普及する前には栽培時期が限られていたので，野菜の季節性が非常に強く，時期や地域によっては新鮮な野菜が不足して，ビタミンC等の栄養不足が生じていた．施設栽培が周年的に新鮮な野菜を安定して供給することによって，国民の栄養と健康の向上に貢献してきたことは高く評価される必要がある．現在は，一方に植物工場や施設園芸の発達，業務・加工需要に対応した輸入の増加など季節性が弱まる方向へのベクトルが働いているが，他方，環境意識の強まりやスローフード，地産地消といった新しい消費行動によって季節性が強まる方向へのベクトルも働いている．周年安定供給と旬・季節性という2つの相反する要求にどのように応えていくのか，今後とも野菜生産にとって重要な課題の1つである．

第6章　食生活の中の野菜の役割と適応
～第Ⅰ部のまとめ～

1. 食生活に果たしてきた野菜の役割

これまでにみてきた江戸時代から現在までの料理書，家計調査報告及び生産・流通の歴史から，日本人の食生活の変化に対して果たしてきた野菜の種類による役割の違いやその特徴をまとめると，次のように分類できる．

a. 日本の伝統的な食生活の発展を担ってきた野菜

この中には日本料理の完成期の江戸時代の末までに普及していた伝統的な野菜として，ダイコン，ナス，ツケナ類，カブ，サトイモ，ネギ，レンコン，ゴボウ，キュウリ，ホウレンソウといった野菜とそれに加えて明治時代に渡来して，日本料理にいち早く取り入れられたハクサイを含めることができる．

b. 明治以降の食生活の発展を担ってきた野菜

キャベツ，タマネギは日本料理に取り入れられるとともに，日本化した西洋料理（洋食）の発展と普及を支えたいわば第1世代の洋菜類で，戦前の食生活の発展を担い，現在は日本人の食生活における基盤的な野菜になっている．ニンジンも東洋種から西洋種に変わったので半ば洋菜類とみなすことができ，キャベツ，タマネギと同じような役割を果たしてきた野菜である．トマトはキャベツ，タマネギなどの第1世代と戦後に普及したレタスなどの第3世代の中間に位置し，昭和初期から太平洋戦争までの間に一般化した野菜である．

c. 高度経済成長期以降の洋風化を象徴する洋菜類第3世代

戦後の高度経済成長期以降の食生活の洋風化に伴って普及したレタス，ピーマン，カリフラワー，ブロッコリー，セルリー，アスパラガスなどを含めることができる．

d. 食生活の多様化を象徴する野菜：本物志向と新規性の野菜

このグループの野菜は，安定成長期からバブル期にかけて，中華料理，イタリア料理，エスニック料理などの本物志向の中で新たに登場した野菜で，いわば「カレーライスの法則」を象徴する野菜である．洋菜類の第3世代と比べると，

一段と嗜好性が強い．これには次の i 〜iii のような野菜が含まれる．これらのうちの一部の野菜は主要野菜に発展し，その他の多くの野菜はマイナーにとどまっている．チンゲンサイはその用途が広いことから，定着して農水省の生産統計に上がっている唯一の中国野菜である．また，本物志向の中で一部の地方野菜や地方品種が再び注目を集めるようになった．

　　i．中国野菜：チンゲンサイ，トウミョウ，葉ニンニクなど
　　ii．新しい洋菜類：チコリ，トレビス，パプリカ，ルッコラ，ハーブ類，スプラウト類など
　　iii．韓国料理・エスニック料理の野菜：モロヘイヤ，サンチュ，コウサイなど
　　iv．復活する地方野菜・地方品種

e. **食生活の変化の指標：香辛・調味野菜**

　これまで述べてきたように，西洋料理，中華料理，エスニック料理などの新しい料理が取り入れられても，ニンニクやハーブ類，コウサイなどそれぞれの料理に特徴的で，香りや刺激の強い香辛・調味野菜が直ちに採用されることはなかった．新しい香辛・調味野菜が取り入れられるには時間が必要で，新しい料理が普及して改めて本物志向が強くなると新しい香辛・調味野菜が受け入れられるようになる．その動向は食生活の変化を表している．

f. **嗜好品のデザート野菜：メロン，スイカ，イチゴ**

2．変容する食生活への野菜の適応

　新しい料理や食生活に適する新野菜が登場するとともに，既存の野菜も品種改良や栽培法を変えることによって新しい料理や調理法に適応しようとしてきた．戦前にトマトが日本人の嗜好に適応して，いち早く桃色系の品種に単一化した例があるが，特に食生活が激しく変化した高度経済成長期以降には野菜も著しく変化し，一部の野菜は高度経済成長が始まる前の1950年代と比べると全く別の野菜といえるほどに変わった．主な変化の方向は大きくは，①多様な品種から消費動向に合わせて特定の形質の品種群に単一化した野菜，②品種を大きく切り変えた野菜と，逆に③特性の異なる複数の品種に多様化して高度経済

表 I-6-1 高度経済成長期以降に生じた野菜の主要な変化

品種の単一化	ナス	果実が中長の品種へ
	キュウリ	果実が緑色で白いぼの品種へ，ブルームレスに，規格により果実が小型化
	ダイコン	青首品種へ
品種の転換	カボチャ	日本カボチャから西洋カボチャへ
	ニンジン	東洋種から西洋種へ
	ホウレンソウ	東洋種から東洋種と西洋種の雑種へ
多様化	トマト	完熟，ミニ・ミディ，調理用，高糖度
	キャベツ	寒玉系，春系，サワー系，グリーンボール
	レタス	結球レタス，サラダナ，サニーレタス，グリーンリーフ，サンチュ
	ネギ	根深ネギ，葉ネギ，小（細）ネギ
	甘味トウガラシ類	青トウガラシ，シシトウガラシ，ピーマン，パプリカ

成長期以降の需要の質的な変化に適応した野菜という3つに大別できる（表 I-6-1）．このうちの①の品種の単一化と②の品種の転換は主に1960年代からの高度経済成長期における野菜への量的需要の拡大に伴う流通の変化と急速に進む食生活の洋風化に対応して起こった変化であり，③の多様化は高度経済成長期以後に食生活が享楽的になり品質やファッション性，新奇性が求められた時代に起こった変化であった．

(1) 品種の単一化

キュウリ，ダイコン，ナスは栽培の歴史が古いこともあって各地の気候風土に適応し，食生活と結びついた多様な地方品種が発達していたが，高度経済成長期に色，形，サイズなど外観が単一化の方向に進んだ野菜である．つまり大量生産・大量流通・規格化の中で生産と流通の変化と洋風化などの食生活の変化に適応する品種に収斂した野菜である．キュウリは果色が緑色で，白いぼの品種に変り，出荷規格がサラダやかっぱ巻きなどの生食に適する長さ22cm・重さ100gになった．洋風化と生食という消費ニーズに沿った変化であった．ナスは料理への適応性の幅が広く，流通に適する中長の果形の品種に統一された．ダイコンはやはり料理への適応性が広く，品質が優れた青首品種一色になった．このように特定の形態，外観の品種に収斂する傾向は伝統的な野菜であるカブ，サトイモ，ゴボウなどの野菜にもみられた．そしてこのような変化は家庭消費の変化や市場，小売店といった流通業界の要求に対応して起こったものである

が，一部の料理への適応性を切り捨て，用途の幅を狭める結果となった．特に惣菜，弁当などの中食や外食といった業務加工用への対応が遅れて，今日のいわゆる「生産者と実需者の間のギャップ」につながっている．

(2) 品種の転換

ニンジンは江戸時代から栽培されていた日本在来の東洋系の品種から西洋系の品種に，ホウレンソウは東洋種の品種から東洋種と西洋種の間の雑種に大きく変わった野菜である．その理由は，いずれも東洋種は収量が少なく，抽苔（とう立ち）しやすく，高温に弱いなど栽培が難しく，かつ栽培時期が狭いので，高度経済成長期の拡大する需要に応えるために品種転換が必要であった．他方ニンジンの西洋種はカロチン臭が強い，あるいはホウレンソウの西洋種は土臭いといった理由で好まれなかったが，これらの欠点を改良する方向に品種が変化したこと，料理法が変化したこと，人々の嗜好が変化したなどによって品種転換が実現したのである．また，カボチャで日本カボチャから西洋カボチャに変わったのは食味が理由であった．

(3) 多様化

このグループの野菜は多くの場合，品種が変わることによって多様化したが，高糖度トマトや小（細）ネギのように栽培法を変えることによって新しい需要を開拓した野菜もある．キャベツは戦後になって，サラダ用などの生食向きのいくつかの品種が現れて多様化した．トマトは比較的嗜好性が強い野菜であり，このため高度経済成長以降，大果系の品種は完熟型の品種に集約されて単一化したが，他方1970年代後半に果実が小さく，赤，黄，橙色のカラフルなミニトマト，ミディトマトが登場し，水ストレスをかけることによって糖度を高めた高糖度トマトがもてはやされるなど，生食，サラダ用としてファッション性が強まっている．また，近年イタリア料理の普及などにより種々の料理にトマトが用いられるので，調理用トマトが関心を集め，ホールトマト（水煮トマト）の輸入も年々増加している．一般的にサラダ用の野菜はファッション性，嗜好性が強い．レタスでは結球レタスやサラダナにサニーレタス，グリーンリーフ，サンチュといったリーフレタスが加わって多様化している．甘味トウガラシ類は古くからの在来品種の青トウガラシやシシトウガラシ，在来品種と西洋種との雑種である現在のピーマン，そして最近はパプリカ（カラーピーマン）が登

場し，果形，色調，食味，用途が多様化している．

（4）サラダへの適応

　サラダは洋風化を象徴する料理であり，高度経済成長期以降の野菜の変化はサラダを中心に展開し，多くの野菜でサラダに適応するように品種や栽培技術が開発されてきた．漬物からサラダへの移行が高度経済成長期以降に起こった野菜の消費形態の最大の変化の1つであった．中尾（1976）はサラダについて，「蔬菜の品種改良と栽培法が発達するとアクがなく，柔らかな野菜が供給されるようになる．高い文明段階に発達して初めて野菜を生で食べるサラダという食べ方ができるようになる．野菜に塩だけあるいはドレッシングをかけただけで生のまま食べるサラダ料理は，西欧で近代になって非常に盛んになった料理法で，実に近代文化の粋といえるだろう」と述べている．古く魏志倭人伝に「倭の地は温暖にして，冬・夏生菜を食す」と記され，これは一般には野菜を生で食べていたと訳されているが，当時，生で食べられる野菜はそれほど多くなかったのではないかと思われる．その後の江戸時代の料理書をみても全くの生はダイコンおろしやカイワレ，ベニタデ，ボウフウといった芽物・妻物とマクワウリで，サラダのように野菜を生で食べる料理はみられない．明治時代になって西洋料理の料理書にサラダが取り上げられるようになるが，サラダ用の野菜が少なく，代替として伝統的な野菜が用いられた．ドレッシングから作らなければならなかったことなどから，家庭での日常の食事にまで一般化することはなかったと思われる．そして，1910年代の料理書には塩，酢，砂糖，トウガラシ，味醂，芥子，卵などを材料にしたドレッシングの作り方が載せられ，1920年頃からサラダオイルやオリーブオイル，芥子，砂糖，コショウ，酢，卵を材料にしたフレンチドレッシングやマヨネーズソースの作り方が紹介されている．戦後の野菜は主として西洋料理向けに展開してきたが，サラダがその中心であった．まず，レタス，カリフラワーなどの洋菜類に始まり，以後新たに登場したトレビス，チコリ，マーシュ，パプリカなどの西洋系の野菜はいずれもサラダ用であり，キュウリ，トマト，キャベツなどの主要な野菜もサラダ向きの品種が主流になった．サラダは新鮮な野菜を好み，素材の味を尊び，料理を目で楽しみ，ファッション性があって，見た目にこだわる日本人の嗜好にあった料理だったのではないかだろうか．また，各種のドレッシングが市販されるよう

になって，生野菜にドレッシングをかけただけでビタミン，ミネラルなどの栄養素を摂取できるという簡便さもサラダが一般化した大きな理由であった．近年もカイワレダイコンに加えて，ベビーリーフ，ムスクラン，スプライトと呼ばれる種々の芽物，食用タンポポやルッコラ，ディル，コリアンダーなどのハーブ類，サラダゴボウやサラダ用のホウレンソウ，ミズナが普及し，新しいサラダ用の食材が次々と登場している．

　大場（2004）によると，サラダに利用される植物はアオイ科，アカザ科，アブラナ科，イネ科，ウコギ科，ウリ科，オミナエシ科，カタバミ科，キク科，シソ科，ショウガ科，スベリヒユ科，セリ科，タデ科，ツルナ科，ナス科，ヒユ科，マメ科，ユリ科の19科にわたる．そして，キク科，セリ科，アブラナ科が中心になっていて，生で食べてあくや苦味が強くなく，美味しいというサラダになる条件を満たす植物はごく一部の科に限られるとしている．近年のスプラウト類のようにごく若く，苦みやあくの少ない幼植物を用いるとサラダ用野菜の種類はまだまだ広がる可能性がある．

　それでは，現在の日本でサラダに用いられているのはどのような野菜か1990年代後半から現在までのサラダ関係の料理書で調査した（表Ⅰ-6-2）．タマネギとミニトマトを含むトマト類，リーフレタスを含むレタス類，キュウリ，パプリカを含むピーマン類が最も多く，次いでジャガイモ，セルリー，ブロッコリー・カリフラワーが多い．またダイコン，ネギといった日本的な野菜も上位に入り盛んに利用されている．しかし，ハクサイ，レンコンやゴボウ，コマツナといった野菜でサラダ用の品種やサラダ用の製品が出回っているがまだ利用は多くないようである．また，最近の特徴としてカイワレ，スプラウト，ベビーリーフ，アルファルファなどの幼植物の利用が増えている．

　次の第Ⅱ部では個々の野菜が食生活の変化に適応しながら，果たしてきた役割について考えてみたい．

表 I-6-2　サラダに用いられる主な野菜

	野菜の種類	出現率[z]（％）
1	タマネギ	9.1
2	トマト	9.1
3	レタス類	8.3
4	キュウリ	6.1
5	ニンジン	5.1
6	甘味トウガラシ類	4.6
7	ジャガイモ	3.6
8	セルリー	3.5
9	ダイコン	3.2
10	ネギ	3.2
11	アスパラガス	2.6
12	サヤインゲン	2.4
13	カリフラワー・ブロッコリー	2.4
14	スプラウト類	2.3
15	キャベツ	2.2
16	カボチャ	1.9
17	ラディシュ	1.8
18	クレソン	1.6
19	ナス	1.4
20	ホウレンソウ	1.3
21	カブ	1.2
22	スイートコーン	1.2
23	シュンギク	1.1
24	レンコン	1.1
24	ズッキーニ	1.0
26	モヤシ	1.0
27	オクラ	0.9
28	ニラ	0.9
29	ハクサイ	0.9
30	グリーンピース	0.8

[z] 野菜全体の出現回数に対する割合

第Ⅱ部　個別の野菜が果たしてきた役割と食生活への適応（各論）

第 1 章　日本の伝統的な食生活の発展を担ってきた野菜

1. 最も日本的な野菜：ダイコン

　ダイコンは日本書紀に記載されているほど古くから栽培され，重要な野菜であった．救荒作物として米に混ぜてかて（糧）飯として用いられた．「日本の食生活全集」には東北地方を中心に冬の主食としてダイコンの根や干し葉（ヒバ）を入れたかて飯が登場する．これには単に米を節約するための増量材としての目的だけではなく，食事にバラエティをつける意味もあったとされる．古くから日本の食生活における代表的な野菜であったので，日本料理での用途は広くかつ多様で，主食の増量材としての準主食の役割から漬物，煮付け，和え物，おろし，妻物，芽物，薬味にまでわたり，若い芽生えのカイワレ，間引き菜（おろぬき大根）から始まりあらゆる生育ステージのあらゆる部分が，干し葉，丸干，切干，漬物，生と多様な形態で利用されてきた．古くから用途によって品種を使い分けており，昭和初期までの料理書では常に出現率の最も高い野菜であった．ところが，昭和時代に入ると生産量はまだ圧倒的に多いにもかかわらず，料理書での出現率が下がってくる．これは，新しい情報を伝えることを目的としている料理書では当時人気が高まっていた西洋料理や中華料理の比重が高くなり，ダイコンを取り上げる機会が減ってきたからであった．

　江戸時代には各地の気候風土と食生活に適した多様な地方品種が発達し，秋ダイコン，春ダイコン，夏ダイコン，春播きといった作型が分化していた（杉山 1995）．「都道府県別地方野菜大全」(2002) では 45 の地方品種が挙げられ，現在でも地方品種が最も多い野菜である．その代表的なダイコン品種の根形を図 II-1-1 に示した．このように多様な品種が成立した 1 つの理由は耕土の深さと気候条件であった．火山灰土で耕土が深く，冬の冷え込みが厳しい関東では「練馬群」のように地中に深く伸びる品種が発達し，粘土質で耕土の浅い尾張地方や関西では「宮重群」や「聖護院群」のように根が地上に出て（抽根性），地下部の短い品種が発達した．また，表 II-1-1 に示すようにダイコンの品種は調理や加工適性が異なり，これらの地方品種はそれぞれの地域の食生活とも密

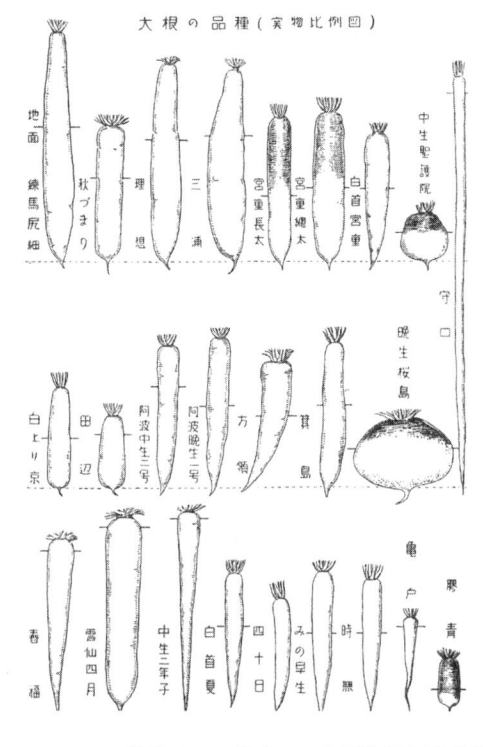

図Ⅱ-1-1 ダイコンの根形
桜会編 園芸家必携（1949）より．
注）根部の横の--は地表面を表し，これより上部は地上に抽出している抽根部である．

表Ⅱ-1-1 ダイコンの用途別適応品種（川城 2001 改変）

兼用	理想，阿波晩生，白首宮重，天満
干したくあん	理想，高倉
早漬たくあん	みの早生，理想系
浅漬	宮重総太，みの早生，四十日，亀戸，二年子，時無
千枚漬	聖護院
粕漬	守口，桜島，方領
切干	宮重総太，南九州地大根
煮食	三浦，聖護院，宮重総太，秋づまり，みの早生，方領
おろし	みの早生，宮重総太，二年子，時無，鼠
カイワレ	四十日
葉ダイコン	小瀬菜ダイコン

接に結びついて成立したのである．表Ⅱ-1-2には高度経済成長期前の1950年代のダイコンの作型を示した．このように早くから品種と地域の組合せによって周年生産が成立していた．

このように，かつては地域，用途，季節によって品種を使い分けていたが，現在スーパーに並んでいるのは青首ダイコン（第Ⅰ部 第1章 注4参照）一

表Ⅱ-1-2　1950年代のダイコンの作型と品種（熊沢・秋谷 1956）

作型	播種期	収穫期	品種
秋ダイコン栽培	8～9月	10～12月	宮重，練馬，白上がり等
冬ダイコン栽培	9月	12～3月	大蔵，三浦，晩生聖護院等
春ダイコン栽培	9月	2月	春福
	9～11月	3～5月	二年子，時無
	10～11月	2～5月	亀戸
夏ダイコン栽培	3～4月	5月	時無
	4～5月	6～7月	春みの早生，早生みの早生
	5～8月	7～10月	黒葉みの早生，晩生みの早生

色である．これは1980年代に青首の宮重群の中の'宮重総太'（図Ⅱ-1-1上段左より6番目参照）に類似した根形の'耐病総太'が全国的に栽培されるようになり，関東地方の'練馬大根'や'三浦大根'等の地方品種に置き換わったからである．1950年以前には表Ⅱ-1-2に示したように春から初夏には'春福'，'二年子'，'時無'，夏には'美濃早生'といった品種が栽培されていたが，これらの品種は料理の用途が限られ，品質も秋ダイコンより劣っていた．ところが品質の優れた秋ダイコンや冬ダイコンを温度の低い冬から早春に播くと抽苔（とう立ち）するので，生産できなかったが，1980年代初めに秋ダイコンの'耐病総太'で春播き栽培が成立した．この作型はプラスチックフィルムによるトンネル栽培で，昼間比較的高い温度で生育させ夜間の低温の影響を打ち消す脱春化という現象を利用して抽苔を抑えることによって成立した．これ以後，韓国系の品種との交雑からさらに抽苔しにくい青首品種が育成され，年間を通じて青首ダイコンが栽培されるようになった．

そもそも，'耐病総太'は生産上からはウイルス病に強い，播種期の幅が広い，太りが早い，す入りが遅い，揃いが良いといった優れた特性を備えていた．また，'三浦'などの練馬系品種のように根が長大で，しかも地中に深く伸びる品種は収穫・運搬・調製などの作業が過重で，'宮重総太'のように抽根性で根が地上に出て，あまり大きくならずに引き抜きやすい品種が好まれたという理由もあった．利用上からは肌が白くて艶がある，青首とのコントラストが美しく，だいこんおろしなどの生食で甘味がある，みずみずしい，煮崩れしないなどの品質も優れていた．さらに，流通・小売り側の需要も大きく働いていたと思われる．ところが，表Ⅱ-1-1に示したように'宮重総太'の料理適性は広いが，

万能というわけではない．例えばだいこんおろしでは緑色になることや古漬けの沢庵では色が黒ずむなどの欠点があるので外食や中食の業務用には向かない．このように青首品種は，家庭内消費の生食用には優れた品種であったが，業務・加工用を中心とした一部の需要を満たしていなかった．

　農水省によると2010（平成22）年のダイコンの需要は家計消費が40％，業務需要27％，加工需要が33％で，業務・加工用の割合が高い野菜である．小林（2006）によると，漬物用の内の古漬け向けの塩蔵物や切干しなど乾燥物は相当量が中国から輸入されている．浅漬け用には青首品種が用いられるが，沢庵漬などの古漬け用には白首の品種が用いられ，粕漬け用の'守口'，千枚漬け用の'聖護院'など用途に応じて品種が使い分けられている．業務需要のだいこんおろし，刺身のつま，おでんにはそれぞれの用途に応じた品質要素のダイコンが求められ，青首品種以外の品種で，スーパーとは異なった規格のダイコンが用いられている（藤島・小林 2008）．このようにダイコンの需要は全てが青首品種になっているわけではなく，家庭消費向けと業務・加工向けのギャップがはっきりと現れている野菜の1つである．

　ダイコンは現在も生産量第1位の野菜で，「家計調査報告」からみると家庭では周年的に安定して購入されており，タマネギ，キャベツ，ニンジンと並んで食生活の中で基盤的な役割を担っている野菜である．しかし漬物の消費が減少していること，食生活での日本料理の比重が相対的に低下する中で，消費が減退している．「家計調査報告」では1956年以来，購入量は減少し，購入額の順位も下がっている．料理への適応性が広がれば消費の回復も期待できると思われる．根が緑，紅，赤の色鮮やかな中国の品種が紹介され，サラダ向けに推奨されているが，まだサラダにはあまり用いられていない．今後，品種開発と合わせて新たな調理・加工法など商品開発による需要の掘り起こしが必要と思われる．

2．伝統的な果菜類：ナス

　ナスは正倉院の古文書（750年）に記録があり，平安時代の延喜式（927年）には漬物も記されているので，古くから栽培された野菜である．江戸時代の一

般的な品種は果実が丸形か卵形で，色は紫色であったが，果色が白，緑の品種や果形が長い，丸いといった品種も栽培されていた．早くから促成栽培が始まり，江戸時代には塵芥を踏み込み，油紙で被覆した温床内や囲内で，炭火で暖房して栽培するなどして，ナスの早出しが行われていた（杉山 1998）．また，料理書「合類日用料理抄」（1689，元禄2年）には次のようなナスの早出し法が記されている．「秋にナスをこもで包み，わらで屋根を覆い，春早めに出すと1ヵ月早まる」．幕府によるしばしばの禁令にもかかわらず早出しのナスが販売された．「一富士二鷹三茄子」といわれるように，初もののナスが珍重された．また，江戸の高級料亭「八百善」で2月に茶漬けを注文したところ代金として1両2分という高額を請求された．主人がした代金の説明の中で香の物に冬には珍しいナスやウリを使っていることを理由の1つに挙げたという逸話がある．

　このように古くから好まれたので，江戸時代から大正時代までは料理書の出現率が高く，上位5位以内に入っている．そして，「日本の食生活全集」では，夏を中心に漬物，焼きナス，和え物，汁の実など幅広く用いられ，出現率はダイコン，ニンジンに次いで多く，果菜類ではキュウリ以上に重要な野菜であった．しかし，昭和に入ると料理書での出現率が下がった．そして，戦後の高度経済成長期に入ると「きょうの料理」での出現率は10位以下になっている．ナスは欧米ではあまり一般的な野菜でないためか西洋料理で登場することは少なく，主に日本料理に用いられるので，出現率は低くなっている．消費の中心は現在も夏から秋で，季節性が薄れつつある果菜類の中では季節性を強く残している野菜である．

　漬物，煮物，焼き物など日本食の材料として用いられ，地方独特の品種が発達し，昭和30年代以前までは形，色の多様な品種が各地で栽培されていた．例えば，熊沢・二井内（1956）は79もの地方品種を挙げている．用途も品種によって使い分けられていた．ところが，昭和40年代に全国流通の時代に入ると，形が揃っていて，選果・箱詰めしやすく，規格化しやすいことや皮が柔らかく，料理への汎用性にも優れていたので中長の品種に変わっていった（図Ⅱ-1-2）．現在全国的に流通しているナスは果実が濃い紫色の中長の品種に統一されている．しかし，日本伝統の野菜であることから，今も数多くの地方品種が栽培されており，「都道県別地方野菜大全」（2002）では29の地方品種が挙げられ，ダ

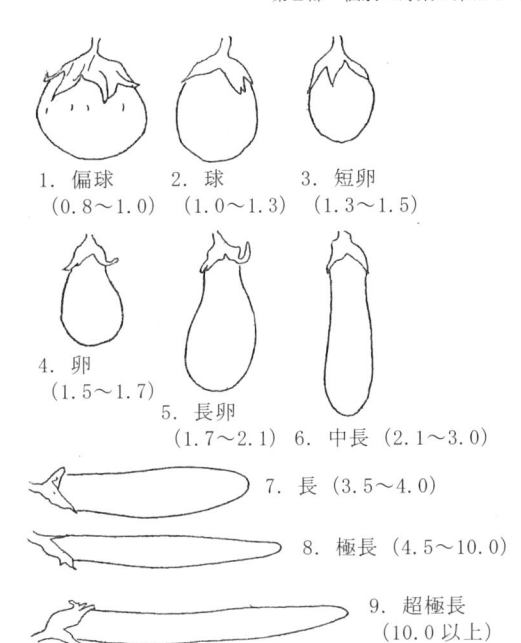

1. 偏球
(0.8～1.0)
2. 球
(1.0～1.3)
3. 短卵
(1.3～1.5)
4. 卵
(1.5～1.7)
5. 長卵
(1.7～2.1)
6. 中長 (2.1～3.0)
7. 長 (3.5～4.0)
8. 極長 (4.5～10.0)
9. 超極長 (10.0以上)

図Ⅱ-1-2 ナスの果形（種苗調査基準による）
果形指数：果長/果径．

イコン，ツケナ類，ネギに次いで多い．地域的には福岡県の'博多長ナス'，熊本県の'熊本長ナス'，東北地方では宮城県の'仙台長ナス'といった長ナスが現在も流通している．この他に大阪の浅漬け用の'水ナス'，京都の鴫焼き用の'賀茂ナス'といった丸ナスや芥子漬けに用いられる山形県の小ナス'民田ナス'などの地方品種が栽培され，全国的にもよく知られている．

2005年にはナスは家庭消費が57％と最も高い野菜に属する．家庭での漬物など日本料理の比重が相対的に減少していることに加えて，家庭での食事が減少していることも消費減退に影響していることが考えられる．地方品種の復活の動きがあるが，現実にはそれほど広がっていない．普及するにはそれぞれの品種に合ったあく抜き法や料理法，レシピを整備することが必要とされている．

3. 生食用中心に転換して食生活の変化に適応した野菜：キュウリ

10世紀の倭名類聚抄に登場する古い野菜である．ところが，宮崎安貞が「農

業全書」(1679) の中で，また貝原益軒が「菜譜」(1704) の中で「下品の瓜」と呼んだように，江戸時代には評価が低かった．また，一説には切口が葵の紋の似ていることから幕府に遠慮したともいわれている．このように江戸時代の前期にはあまり普及せず，品種の分化も少なかったが，時代が進んで，寛政年間 (1789-1801) に江戸で，文政年間 (1818-1830) に大坂で，また京都では天保年間 (1830-1844) に促成栽培が始まり，農学者の佐藤信淵 (1845) がキュウリの栽培を推奨している．料理書でも17世紀にはあまり登場しないが，19世紀になると頻繁に登場するようになる．このようなことから藤枝 (1993) が「キュウリが好まれるようになったのは江戸時代後期になってから」としているとおり，恐らく江戸時代の間に徐々に普及していったと思われる．漬物中心のシロウリより料理の幅が広く，中国から新たに品種が入ってきたこともあって，明治以降になるとウリ類を代表する野菜になり，食生活の中ではナスと似た地位を占め，主に夏から秋に各種の料理に利用された．「日本の食生活全集」では夏の漬物にナスと並んで全国的に用いられている．

　わが国のキュウリ品種はほとんどが中国から渡来し，華南系と華北系に分けられる．華南系が先に日本に渡来し，「青大群」，強健で暑さに強い「地這群」，早熟栽培の「半白群」，「青節成群」などの品種群が生まれ，高度経済成長期まではそれぞれ地方品種として各地で栽培されていた．華南系の品種の果実は短大で，肉質が軟粘で，果実の表面の突起（いぼと呼ぶ）の先端が黒い．漬物を中心に酢もみ，和え物，あんかけ，各種取り合わせ，汁の実など広く用いられた．これに対して，華北系のキュウリは幕末から明治時代に導入され，果実が細長く，緻密で，いぼの色は白で，暖地の夏キュウリとして普及した．この華南系と華北系の雑種群から華北系の品質を活かした濃緑色で，果皮が薄く，肉質がみずみずしく，サラダやもろきゅうり，かっぱ巻きなど生食に適した「白いぼ」キュウリが生まれた．昭和40年代に「白いぼ旋風」が起こり，その後白いぼ一色となった．つまり，この時期にいぼの色を目印に生食用に大きく転換したのである（図Ⅱ-1-3）．キュウリの出荷規格も長さ22cm，100gが標準になり，生食向きに果実が小型化した．このような転換は食生活の変化に適応したもので，現在は，タマネギ，トマト，レタス，ニンジンと並んでサラダに多く用いられている．明治時代以降はナスと並んで日本食の中心的な果菜類であったが，高

現在　　　昭和30年代以前
白いぼ　　黒いぼ　　　半白　　　図Ⅱ-1-3　キュウリの果形
（シャープ1）（落合節成）（相模半白）　　　　　板木（2001）より．

度経済成長期以後はナスよりも食生活の変化にうまく適応してきたといえる．その後，果実の表面に白く粉をふいたような果粉（ブルーム）が農薬と間違われることもあって，ブルームの出ない接ぎ木用の台木が育成され，ブルームレスキュウリが現れた．このようして日本のキュウリはトマトと同様に特殊な方向に発展した野菜の1つである．

　ところが，生食用への展開を光とするとその裏に陰の部分があった．白いぼキュウリは香りが乏しく，肉質にも物足りなさを感じる人も少なくなかったが，ブルームレスになって肉質が軟らかくなり，漬物への適性がなくなったといわれ，漬物原料の海外依存が一層強まった．かつて出荷規格の問題点として有吉佐和子（1974-1975）が食味や調理に関係のない曲がりキュウリが流通から排除されていることを批判して話題になった．現在の小さな果実は，餡かけや種のある胎座部をくり抜いて具を詰める「舟盛」，西洋料理のスタッフドキューカンバーなどの料理には不向きで，料理への適性が狭まり，一部の需要が切り捨てられる結果となった．また，現在の規格では果実の肥大が早い時期には，1日に2回も収穫しなければならず，人手不足と高齢化の進む生産者に過重な負担

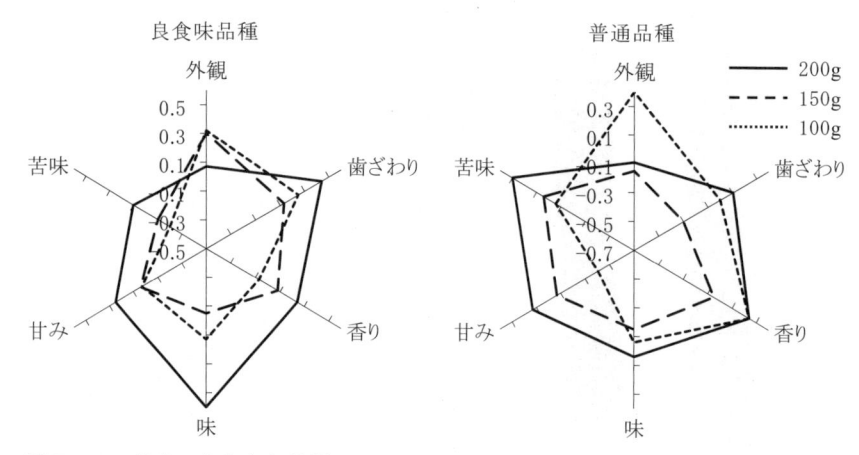

図Ⅱ-1-4　果実の大きさと品質
　　　　板木・中西，JA全農営・技センター（未発表）より．

を強いることになった．板木・中西は図Ⅱ-1-4に示すように，今より大きい果実が味が優れるとしている．出荷規格を緩めるなどの見直しが必要になっている．

　キュウリは価格の変動が激しいが，需要は安定している野菜である．しかし長期的にみると消費が減っている．家計調査報告でも購入量が減少し，購入額ではトマトに次いで第2位の地位を確保しているが，2000年以降は落ち込みが激しい．小林（2006）によるとキュウリは家庭消費が58％，業務需要が26％，加工原料需要が19％と家庭での消費が比較的多い野菜であり，家庭内での食事が少なくなっていることもキュウリの消費減退の一因かもしれない．そうした中で，漬物を始め日本料理での利用が少なくなったことが第2の理由であるが，生食の中心であるサラダ用の野菜が多様化していることも原因の1つかもしれない．各種の調査をみるとキュウリは大人にも子どもにも好まれる野菜である．

　なお，キュウリの品種群には中国から渡来した華南系と華北系の他に，山形県ではヨーロッパ系のピクルス用の品種'酒田'が明治時代以前から栽培されていた．極東ロシアなど日本海の対岸との交流があったことが推定されている．青葉（1982）によるとこのグループの品種はかつては北海道から東北，北陸地方にかけて栽培されていた．現在，石川県で地方品種として栽培され，あんかけなどの煮物料理に用いられている'加賀太'はこのグループに属する．また

近年,「イボなしキュウリ」の品種が発売され関心を集めている.サラダ,浅漬け,生食に適し,いぼがないので洗浄が容易で業務需要に適するとされている.キュウリの消費拡大にはこのように古くからの品種の見直しと新品種の開発によって新しい需要を生み出し,消費を拡大することが必要と思われる.

4. 品種の転換と栄養価で需要を拡大したホウレンソウ

　ホウレンソウは16世紀頃に東洋系の品種が中国から渡来した.わが国最初の料理書「料理物語」(1644)には煮食,酢菜,汁,和え物といった料理が記されている.また,井原西鶴の「好色一代男」(1682)にはホウレンソウの浸し物が登場する.しかしながら,江戸時代の料理書ではキュウリと同程度の出現率であまり高くない.また,1709年刊行の「大和本草」の中で貝原益軒は「性冷利なので多食すべからず,人を益せず微毒あり…」と記している.その後,幕末から明治にかけて,西洋種が欧米から導入された.明治から大正時代の料理書でもホウレンソウの出現率は低いが,昭和に入ると高くなり,戦後の高度経済成長前には10位前後とキャベツと同程度の出現率である.ホウレンソウが農林統計に表れるのは1941(昭和16)年で,栽培面積8500ha,収穫量78千tであった.その後もホウレンソウの生産は増加し,1987年に400千tのピークに達した.このようなホウレンソウの増加には,ビタミン類や鉄分が多いという健康野菜のイメージが強く影響していると思われる.現在でも,母親が子どもに食べさせたい野菜の第1位に上げられている.高度経済成長期以後の「きょうの料理」では次第に順位が下がり,最近ではサトイモとほぼ同じ25位程度の出現率である.他方,「家計調査報告」では購入額は1990年頃にトマト,キュウリに次いで多く,その後はやや下がり気味であるが,現在でも上位5位以内に入り,家庭消費では主要野菜の1つである.このようにホウレンソウは後で述べるハクサイと似て食生活では基盤的な役割を果たしているが,料理書には登場することの少ない野菜である.

　ホウレンソウの消費が増加するまでには,生産上の問題もあった.戦前までの日本のホウレンソウは東洋種に属し,葉先がとがって,切れ目があり,葉が軟らかく,茎の株元が赤く甘味があり,あくが少なく,お浸しや和え物などの

和風料理に適する．ところが日長が長いととう立ちしやすいので日長が短い秋から冬にしか栽培できなかった．他方，西洋種は葉の切れ目が少なく厚みがあり，株元の赤みが少なく，土臭いとして日本人の嗜好に合わなかったが，とう立ちしにくいので，年中栽培できるという特長があった（図Ⅱ-1-5）．日本に順化した東洋種の'日本'は日本料理には適していたが，収量が少なかったので，昭和初めに東洋種と西洋種の自然交雑から'次郎丸'が育成された．収量が多く，日本人の好みにも合っていたので，全国各地に普及した．熊沢・田村（1956）によると昭和30年頃には，8月から11月播きで秋から冬の短日条件で生育する作型では東洋種や'次郎丸'などの東洋種と西洋種の雑種が用いられ，晩秋から5月頃の播種の長日条件で生育する作型では西洋種が用いられている．そして，「春播き栽培の西洋種は土臭いので需要が少ないが，臭いが少なく，とう立ちしにくい品種が育成されるとこの作型が盛んになるだろう」と述べている．戦後のホウレンソウの育種はこの方向に進み，東洋種と西洋種の間の交配からとう立ちしにくく，収量が多く，土臭さが少ない品種が育成され，現在は全てこの中間型の品種になり，周年的に生産されている．このため，現在のホウレンソウは葉の形などの外観には東洋種の形質をほとんど残していない．土臭さは弱まっているが，今でも茹でた時にはこの臭いが強く感じられる．また日本人の嗜好の変化や料理法が多様化したことも影響しているのか土臭さへの抵抗感が弱まっているように思われる．現在の中間型の品種が和洋両方の料理に使わ

図Ⅱ-1-5　東洋種の'日本'（左）と西洋種の'キング・オブ・デンマーク（右）'
　　　　　熊沢・田村（1956）より．

れているが，時には昔の東洋種の味を懐かしむ声が聞かれる．

　ホウレンソウは，「家計調査報告」でみると購入量の年間の変動係数は果菜類のトマトやキュウリと同程度で葉菜類の中では，比較的季節性の強い野菜である．購入量が多いのは冬季の2-3月を中心に秋から春先で，夏季には少ない．季節性に関しては昔の東洋種の時代とあまり変わっていないともいえる．

　ホウレンソウにはシュウ酸が含まれ，腎臓や膀胱の結石の原因になるので，あく抜きが必要である．低シュウ酸品種が育成され，シュウ酸を減らす栽培方法が研究され，現在はサラダ向きのホウレンソウも出回っている．また，冬場のホウレンソウは低温に遭うと生育が抑えられるが，葉が濃緑で厚く，縮んだ状態になり，糖分などの内容成分の濃度が高くなるので，甘味が強くなる．これを「寒締めホウレンソウ」とか「縮みホウレンソウ」と呼んで，差別化して流通している．小売店の評価からみると，消費者に好評で，売れ行きも好調で，定着しつつあるようにみえる．

　小林（2006）によると2000年にホウレンソウの54％は家計消費需要で，業務用需要が31％，加工原料需要が15％と，家庭での消費が多い野菜である．業務用需要の多くは冷凍品で，外食や中食で利用されている．2000年には業務・加工用の30％が輸入品で，この頃にはホウレンソウの輸入が多かったが，2002年に中国産冷凍ホウレンソウから基準値を超える残留農薬が検出されて輸入が減少した．最近は低価格志向の中で中国産の輸入が再び増える傾向にある．加工・業務用には家庭消費向きの規格草丈25cmより大きい40cm程度で，葉が肉厚で大きいものが求められ，これに対応した品種，栽培法を採用すること必要とされている（藤島・小林　2008）．

5.　多用な用途のネギ

　ネギは日本書紀（720）に記載がある古い野菜で中国から渡来した．料理書では江戸時代から出現率が比較的高く，明治以降も10位以内に常に登場し，時代とともに出現率が上がって，2000年代の「きょうの料理」でも変わっていない．「家計調査報告」では，ネギの購入量は1956年以来8-10位に安定して位置し，購入額は増加しないものの順位では上昇傾向にあり，他の野菜と比べて需要が

安定している．国内生産量は1990年代まで増加し，2000年代以降は減少傾向にあるが，中国からの輸入が増加している．ネギは話題になることの少ない野菜であるが，流通業界ではネギは鍋物商材の1つに上げられているように，明治時代以降に盛んになった鍋物料理の材料として利用が一層広がったとみられる．薬味や鍋物，ぬたなど大衆的な料理に用いられることの多い野菜である．また，サラダなど西洋料理にも用いられ，料理への適応性は広い．

　日本のネギは大きく分けて，土寄せして軟白する根深ネギと軟白しない葉ネギがあり，渡来した当初からこの2種類に分化していたとされている．根深ネギは東日本の耕土の深い地域に発達し，関西の耕土の浅い地域に葉ネギが発達した．このように古くから栽培されたので地方品種の数が多く，「都道府県地方野菜大全」(2002)では40の品種が記載され，ダイコン，ツケナ類に次いで多い．

　高度経済成長期に，長さ50cm，径5mm程度の新しい形態のネギが商品化された．料理書では「細ネギ」と呼ばれ，福岡県の「万能ねぎ」がその最初である．昭和53年に発泡スチロールの容器にJALの鶴のマークを付けて飛行機で東京に出荷され，話題を呼んだ．以後，高知，大分，静岡などでも生産されている．これには高度経済成長に伴う人の移動により東京などの東日本でも葉ネギへの需要が生まれたこと，航空機輸送など流通・輸送技術の発達が背景にあった．

　関西では九条系品種のうちの'九条太'は11月以降に寒さに遭うとぬめりと甘味が増す特性があり，鍋物，すき焼き，和え物などに用いられ，関東の根深ネギに相当するネギである．一方，浅黄系の品種は薬味用であった．小ネギはこの用途を全国展開したものであるが，関西ではより大きく成長したネギを利用しているので，この新しい葉ネギによって料理への利用の幅が広がり新たな用途が開拓された．現在，ネギ類は東京市場ではネギと小ネギに分けられているが，大阪市場では白ネギ，青ネギ，細（小）ネギに分けられ，東西の違いが今も強く残っている．

　1980年代から生産者の高齢化が問題となり，根深ネギでは，セル成型苗（第Ⅰ部　第2章　注4参照）による育苗と定植の機械化が進み，軟白のための土寄せや収穫時の掘り上げ作業も機械化された．また，発泡スチロールなどの資材で葉鞘部を覆って軟白する方法も行われている．調製作業もコンプレッサー

で瞬時に皮はぎし,ラッピングも機械化されている.

　1990年代に入り中国からのネギの輸入が急増し,2001（平成13）年にはセーフガードが暫定発動された.輸入品の大半が業務・加工用であるが,中国産の供給は非常に安定して,定時・定量・定価格の要望に適応していることが輸入増加の要因とされている.小林（2006）によると,ネギの家計消費は44％,業務用需要が35％,加工原料需要21％で,業務・加工用の需要が多い野菜である.藤島・小林（2008）は薬味・トッピング,加熱調理,家庭消費といった用途に合わせた安定供給が重要と指摘している.ネギ属にはタマネギ,ヤグラネギ,アサツキ,ワケギ,ニラ,ニンニク,ラッキョウなどの近縁作物や近縁野生種が多数あり,ネギ属植物の類縁関係や細胞遺伝学,遺伝子工学からの研究が盛んに行われている.これらの研究から収量・品質・耐病性などの改良と新しい需要を掘り起こすような新品種,新作物の開発が期待される.

6. 伝統的根菜類：サトイモ,カブ,ゴボウ

　これらの野菜は日本へは古くに伝来し,特に,カブとサトイモは稲作より歴史の古い焼畑で栽培されていた.また,これらの野菜はお節料理などの伝統的な料理に多く用いられ,季節の行事食に登場する日本人になじみ深い野菜である.しかし,主として煮物や漬物などの日本料理に用いられることから日本料理の相対的な地位の低下に伴って消費は停滞している.

(1) サトイモ

　主として西日本の焼畑で栽培され,仲秋の名月の供え物に用いられ,正月に餅を食べない餅なし正月の地域ではサトイモが食されているように古くは非常に重要な作物で主食に位置付けられていた.現在でも,縁起をかついでお節料理の煮つけや雑煮に用いられる.また,サトイモの葉柄はずいきと呼ばれ,京都北野天満宮のずいき祭りや各地の秋祭りにずいき神輿が登場する.サトイモは,芋,ずいきに加えて,芽を軟白した芽芋（根芋）が江戸時代には盛んに栽培され（図Ⅰ-3-1参照）,お触書きで早出しの時期が定められていた.前に述べたように江戸時代の料理書ではずいきや芽芋が高い頻度で登場し,サトイモは重要な野菜であった.明治時代に入ると,料理書でのずいきや芽芋の出現率

は低くなるが，その後もずいきは農村を中心に盛んに利用され，「日本の食生活全集」ではエンドウ，ユウガオと同程度の出現率である．現在でも，農家の自家用のサトイモ畑で葉柄が緑色の芋用の品種に混じって，赤紫色のずいき兼用の'唐芋'や'八つ頭'と思われる株をしばしばみかける．また，地方のほとんどの直売店や道の駅で乾燥したずいき（芋がらとも呼ぶ）が常時見かけるので，農村では現在も根強く支持されていることが分かる．

　高度経済成長期以降，サトイモは'石川早生'を中心とする子芋用の品種が中心になり，スーパーで見かけるサトイモはほとんどが子芋である．現在サトイモの消費量は日本料理の比重が下がるとともに減っているが，収穫時期が秋であることもあり，購入量は秋から12月に多く，芋の子汁やお節料理のように季節性や地域性の強い料理に用いられている．

　サトイモは収益性が低いこともあって国内生産が減少し，これを補完するように中国からの輸入が増えている．特に冷凍品の大半は中国産で，面倒な皮むき作業を省けるので家庭消費用にも出回っているが，多くは業務用，特に惣菜向けである．小林（2006）によると2000年のサトイモの業務・加工用需要の割合は56%で，しかもそのおよそ半分（46%）は輸入品が占めている．さらに，筑前煮などの調味済み食品としての輸入も考慮すると，今後とも輸入量は増加することはあっても減少する可能性は少ないとされている．

　「都道府県地方野菜大全」（2002）には18の地方品種が挙げられている．現在，市場に流通しているサトイモはほとんどが子芋・孫芋を食用にする品種であるが，地方品種の中にはずいき用の他にも親芋を食用にする品種があり，特徴的で優れた食味・食感の品種も多い．棒鱈とサトイモを煮付ける京料理の「いもぼう」に用いられる「えび芋」は'唐芋'を特別な方法で栽培したもので，現在は静岡県が主産地になっている．サトイモは西洋料理ではグラタンなどに用いられることがあるが，郷土料理の掘り起こしや新しい料理法と組合わせた新需要の開拓が必要と思われる．

(2) カブ

　前述のようにカブは焼畑で栽培され，日本書紀に記載があるほど古い野菜である．平安時代の「延喜式」には漬物の作り方が記されている．また救荒作物としても利用され，古くから重要な野菜であった．このため，多くの地方品種が

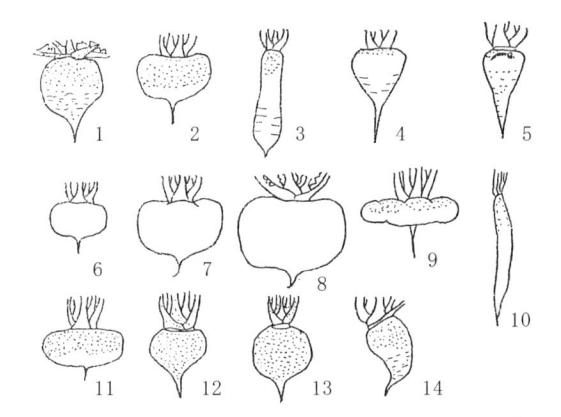

第Ⅱ部　個別の野菜が果たしてきた役割と食生活への適応（各論）　　91

1：札幌紫　2：長崎赤　3：長　4：山内　5：野沢菜
6：金町　7：天王寺　8：聖護院　9：近江　10：日野菜　　図Ⅱ-1-7　カブの根形
11：大藪　12：大野紅　13：米子　14：津田　　　　　　　　　　　芦澤（1982）より．

分化している．熊沢（1956）や青葉（1983）は80以上もの地方品種を挙げている（図Ⅱ-1-7）．カブやツケナの品種は種皮の形態からAとBの2つの型に分けられ，Aは和種系，Bは洋種系である．東北地方を中心に北陸地方から滋賀県北部にかけての地域の焼畑で種皮型Bの洋種系のカブが栽培され，東日本の在来品種は洋種系が多い．他方，関西以西で古くから栽培されていた品種は種皮型Aの和種系である．洋種系のカブは大陸の北のルートで渡来したと考えられており，カブは日本文化の形成に関わる興味深い野菜である（佐々木 1993）．また，民俗学者の宮本常一は焼畑で作ると味の良いカブができると述べている．

かつては図Ⅱ-1-7に示すように様々な根形の多数の地方品種が栽培されていたが，「都道府県地方野菜大全」（2002）には8品種しか記載されていない．これは漬け物などカブの消費減退によるところもあるが，品種が全国的に統一されていった過程で地方品種が消えていったことが大きな理由であった．すなわち，小カブは洋種系の'金町小かぶ'に，大カブは聖護院系の雑種に置き換わったことによる．漬け物など日本料理でのカブの消費が減っているが，サラダやシチューなどの西洋料理にも用いられている．それにもかかわらず消費が減り続け，1999年に「家計調査報告」の調査対象から外れた．前述のように地方品種の減少が著しいが，京都の'聖護院'は全国的に栽培され，千枚漬けの他にかぶら蒸しなどの各種の料理に用いられている．この他，滋賀，三重県を

中心に'日野菜カブ'，飛騨の'赤カブ'，石川県の正月料理のかぶらずしに用いられる'金沢青かぶ'，愛媛県の'伊予緋かぶ'など地方の食生活と密接に結びついて利用されている．また，福井県の'河内赤カブ'のように各地で地方品種復活の試みも進んでいる．

(3) ゴボウ

平安時代に記録があり，日本独特の野菜である．料理書では江戸時代から戦前までは出現率が非常に高く，常に5位前後で10位以内には必ず入っていた．戦後になると減少したが，15位前後で今日まで推移している．「家計調査報告」でみると，1960年から現在までの間で購入量は30%弱減少している．料理書では春の新ゴボウが称賛されるが，「家計調査報告」からみると，1月から11月までは購入量に大きな変動はなく，12月に突出して多い．また年間の変動は購入量より購入額の方が大きく，価格に関わらず一定量は購入されている．お節料理など行事食に用いられることが多いのがその主な理由と思われる．

熊沢・飛高（1956）は8品種群36品種を挙げているが，現在栽培されている主な品種は「滝野川群」に属する．特殊なゴボウとして千葉県の'大浦牛蒡'は直径10cm以上の太さで内部の空洞部にひき肉や昆布を詰めて煮る．また京都の堀川ゴボウの品種は'滝野川'であるが，苗床で栽培した根を6月頃に掘り上げ，本畑で寝かせて植え付けて肥大させる．'大浦牛蒡'と同様に内部に生じた空洞に詰め物をして煮付ける．ゴボウの消費が減っている理由として調理に手間がかかること，色が黒く見栄えが良くないこと，日本料理の地位が下がっているのに対し西洋料理に合わないことが上げられている．これに対して，近年サラダゴボウなど西洋料理に適応しようと試みられている．

日本以外ではほとんど利用されないゴボウであるが，中国からの輸入が増えている．特に1998年の不作により輸入が急増した．最近の2007-2011年には全消費量の約2割に相当する約4万tが年間輸入されている．輸入品の大半は生鮮であるが，主に業務・加工用で煮物，かき上げ，きんぴら等に用いられ，一部カット野菜（キット野菜）としても流通している（藤島・小林 2008）．輸入対策として生産面での安定供給が重要とされているが，消費拡大のためには食物繊維など栄養機能性や新しいレシピなどPRも重要であろう．また，近年中国では日本向けに生産するようになってから少しずつ消費されるようになって

いるといわれる．将来，機能性などが評価されると海外でも広がるかもしれない．

7. 伝統野菜ツケナ類と遅く登場してツケナから主要野菜に昇格したハクサイ

(1) ツケナ類

　ツケナには，広義にはカラシナ類や洋種ナタネ類，場合によっては葉ダイコンも含めることがあるが，ここでは，ハクサイやカブ，和種ナタネと同じ種（*Brassica rapa*＝*B. campestris*）に属する野菜とする．万葉集に九久多知（くくたち），日本書紀に蕪菁（あおな）と記されているように，奈良時代以前から栽培され，江戸時代に唐菜や白茎菜，明治初年にタイサイ（体菜），サントウサイ（山東菜）といった中国で発達したツケナが順次導入された．体菜に属するチンゲンサイやパクチョイが昭和50年代に中国野菜として登場するなどツケナ類は時代とともに数が増えていった．また，平安時代の倭名類聚抄（931-938）にミズナの名が現れ，江戸時代にはコマツナが育成されるなどわが国独自のツケナも発達した．「都道府県地方野菜大全」（2002）には全国各地41の特徴あるツケナが挙げられている．

　大正時代末から昭和時代初めの各地の食生活を記録した「日本の食生活全集」でのツケナ類の出現率は高く，10位程度である．ツケナ類の名称は同一品種でも地方により異ることがあるので正確ではないが，そこにはおよそ40種類の地方品種が登場する．その大部分は地方独自の品種であるが，明治初めに渡来したタイサイ（体菜）とサントウサイ（山東菜）が上位を占め，和種ナタネ群の茎立ち菜や花菜，畑菜などが全国的に栽培されていた．また地方品種のうちで，京都のミズナが京菜や水菜の名で，コマツナが小松菜，鶯菜の名で広く全国的に利用され，野沢菜，稲核菜，真菜，広島菜が比較的広域に利用されていた．しかし江戸時代から現在までコマツナ，ミズナ等のごく一部を除いて料理書にツケナ類が取り上げられることは少ない．その理由は多くが地域限定の野菜であること，漬物が中心で用途が狭く，新しい料理には利用しにくいことなどの理由によると思われる．明治時代以後ハクサイが普及するにつれてツケナ類は減少した．例えば，喜田は1913（大正2）年に「体菜類は煮食には適さないが，

栽培容易で漬物での漬け減り歩合が少なく，貯蔵に耐えるので好まれたが，嗜好の変化に適応せず白菜が増えると減少するだろう」と述べている．

ツケナ類は明治時代の末の1907-11年に栽培面積約2万ha，生産量38万tで，面積はナスと同程度，生産量はダイコン，サトイモに次ぐ第3位で主要野菜の地位を占めていたが，その栽培や流通は地域的に限られ，農家の自家用が多かったとみられる．それまでツケナ類に含まれていたハクサイが生産統計で分けられた1941（昭和16）年にはツケナの生産量29万tであった．その後長くこのレベルを維持し，戦後には1960年代末に50万t近くまで増加したが，その後は減少に転じ，2006年のツケナ類の生産量は約7万tである．現在は，ツケナ類とは別に独立して集計されているコマツナ，ナバナ，ミズナの生産量それぞれ5.1万t，0.6万t，2.9万tを加えると15-16万tの生産量になる．ツケナ類全体の生産量があまり変化していない中，コマツナの生産量が増加し，近年ミズナも生産量が増えており，ツケナ類の中でも少数に絞られつつあるが，この間の食生活の変化を考えると，今なお根強く生産量を維持しているともいえる（図Ⅱ-1-8）．その理由として次のようなことが考えられる．葉菜の1つとしてコマツナ，ミズナは全国区になり，特に近年ミズナが晩秋から冬季限定の煮食用の1kg以上もの大株から，現在の家族の人数の減少に適合して，サラダで食べられるように小株に転換して，新しい需要を開拓している．京都のスグキ菜，広島菜，新潟や静岡県の水かけ菜は地方の食生活に中に定着し，あるいは特産品として根強い需要がある．さらに，一度は栽培が激減した大阪シロナ，大和マナなど復活に向けての活動が各地で行われている．

(2) ハクサイ

ツケナ類の地方品種は多くが姿を消した．その原因として，食生活の変化による消費の減退とともに品質，収量の優れた競合する作物が現れたことが挙げられる．最初の競合作物は明治時代に新たに渡来したハクサイであった．農林統計にハクサイが初めて独立して集計された1941（昭和16）年の生産量498千tで，葉菜類で最も多く，ツケナ類はもちろんキャベツの263千tをはるかに凌ぎ，タマネギ，ニンジンより多く，ダイコン，サトイモに次ぐ第3位の生産量であった．キャベツやタマネギより導入の時期が遅かったことを考えると如何に急速に普及したか想像できる（図Ⅱ-1-8）．

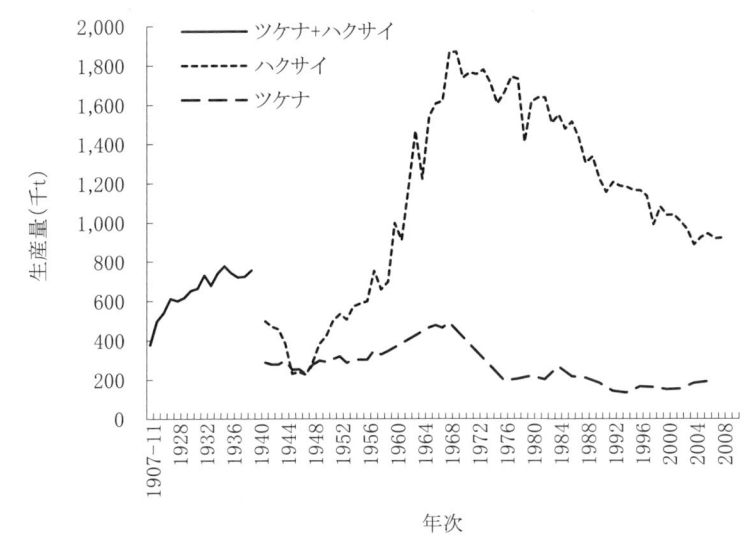

第Ⅱ部　個別の野菜が果たしてきた役割と食生活への適応（各論）　　95

図Ⅱ-1-8　ツケナ類，ハクサイの生産量の推移

　小説家の獅子文六は1970年頃に「ハクサイというものは昔の日本になかった．私がその味を知ったのは，大正年間に平壌で，名物の牛肉とともにスキヤキの鍋に用いられた時だった．（中略）私は異国味を感じたのだが，爾来50年，日本で最もありふれた野菜になってしまった」と記している．このように大正時代には外来の野菜としてまだあまり普及していなかったことが分かる．しかし，その後急速に普及したようで，民俗学者の柳田国男は1930年代初めに刊行された「明治大正史　世相篇」の中で「いわゆる山東白菜の珍しい名が知られたころから，わずか20年足らずに入って来た菜の新種，ことにその消費量と作付地積は，驚異に値するほどの累進であって…」と述べている．
　明治8年に開催された博覧会に中国から根付きの山東結球ハクサイが出品され，これが後に愛知白菜に発展した．しかし，主な渡来時期は日清，日露の両戦争の時期で，兵士が中国で優れた結球ハクサイを見て持ち帰り，各地で試作したのが本格的な普及の始まりであった．当初は近縁のツケナやカブなどと自然交雑して，形質を維持することが難しく，その後何度も中国から種子を取り寄せていた．このためには日本に適する品種を選んで，採種法を確立する必要があった．1915年頃から松島湾の馬放（まはなし）島での隔離採種が成功し，

仙台白菜として1921(大正10)年に横浜に出荷された.また,愛知県では大正時代の初めに愛知白菜(野崎白菜),宮城県では大正時代末に松島1~3号といったわが国独自の品種も育成された.「日本の食生活全集」では先に述べたようにハクサイの出現率はツケナ類よりは低いとはいえ,導入時期が早かったキャベツやタマネギよりもはるかに多い.そこには'山東','芝罘','直隷','花心'などの品種名がみられ,大正末から昭和初めにはまだ中国からの導入品種が栽培されていた(図Ⅱ-1-9).

このようにハクサイが急速に普及していったのはどのような理由があったのだろうか.「日本の食生活全集」に取り上げられているのはほとんど大部分が農山漁村の食生活で,都市部はごく少ないので,この当時の農村にハクサイが普及していったことが分かる.その理由はいくつか挙げられる.まず,料理・利用から考えると,ツケナよりおいしくて,漬物,煮物,和え物,汁の実,鍋物

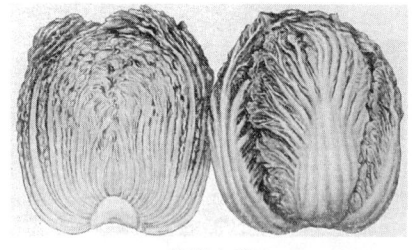

海城白菜　　　　　　　　芝罘白菜

抱頭蓮白菜　　　　　　　金州蓮白菜

図Ⅱ-1-9　中国のハクサイ品種
　　　　　下川(1926)より.

といった料理への汎用性が広く，自家用野菜として優れていた．また，当時の大部分の農家は稲作，養蚕などに多くの時間をかけ，自家用の野菜にあまり労力をかけることができない．ハクサイは根が繊細で移植栽培が難しく，当時は直播栽培であったが，幼植物は間引き菜として利用でき，育苗が必要なキャベツよりも作りやすく収量も従来のツケナ類よりも多い．当時のハクサイは不ぞろいで結球しない株も多かったと思われるが，結球しなくても今までのツケナと同じように食べることができた．商品として販売される割合（商品化率）は後年の 1951（昭和 26）年でもハクサイが 46.4%で，キャベツの 54.3%より低く，タマネギの 66.4%より格段に低い．このように，ハクサイは農家の自家用野菜として優れていたことが急速に普及した理由でないかと思われる．

しかし，このように統計上ではキャベツやタマネギより普及が早かったが，「日本の食生活全集」以外の料理書での出現率は常にキャベツやタマネギよりも低い．その理由として，ツケナ類と同様にいわば「菜っぱ」で，西洋料理や新しい料理にはもちろんのこと，高級な日本料理にも使いにくいことが考えられる．北大路魯山人は「ハクサイは（日本料理に）使いにくい野菜である」と述べている．主に兵士などの庶民によって導入されたハクサイは漬物や明治時代に盛んになった鍋物など大衆料理に用いられて広がった庶民の野菜であった．

このように渡来後急速に普及したハクサイも高度経済成長期以後の食生活の変化の中で生産量（図Ⅱ-1-7）が減少している．ハクサイは漬物に用いられ，市場や小売業界では主要な鍋物商材であり，家庭での購入量も季節性を強く残している．これにはハクサイは寒さに遭うとう立ちしやすい，暑さに弱いなどの性質があり，春から夏の生産が不安定になりがちであるという特性も関係している．現在，葉の表面に毛（毛じ）のないサラダ向けの品種も育成されているが，西洋料理での利用は少なく，サラダへの利用も多くない．昭和 50 年頃から内部が黄色い黄心品種が普及し，近年は家族人数の減少に対応してミニハクサイも現れている．

第2章　明治以降の食生活の発展を担ってきた野菜

　キャベツ，タマネギ，ニンジンは明治時代以来の西洋料理，いわゆる「洋食」に最も頻繁に用いられた野菜である．歴史的にわが国に渡来した時期は異なるが，日本料理にも早くから取り入れられる一方，新しい西洋料理に盛んに用いられ，明治時代以来のわが国の食生活の変化を象徴する野菜で，キャベツ，タマネギは第1世代の洋菜と呼ぶことができる．また現在東洋種からほとんどが西洋種に替わったニンジンもキャベツ，タマネギと同様に洋菜類の第1世代に含めることもできる．そして遅れて昭和10年頃に一般化したトマトはいわば洋菜第2世代と考えることができる．

1. 新しい葉菜：キャベツ

　結球キャベツの渡来は江戸時代末であるが，食用としては普及せず，その後明治政府が種子を取り寄せ各地で試作させ，北海道を始め次第に各地に定着していった．明治30年頃には大都市周辺や外国船寄港地の近郊で本格的な栽培が始まり，1904（明治37）年頃に市場に出回るようになったとされている．大正時代には北海道，長野，岩手などに産地が形成された．しかし，全国的な普及はハクサイより遅かった．ハクサイが単独で初めて統計に現れた昭和16年のキャベツの栽培面積は15千ha（ハクサイ25千ha），収穫量263千t（ハクサイ498千t）であった．このようにキャベツの普及がハクサイより遅れたのは，今までにない新しい野菜であり，家庭で広く食べられるには和風の料理にも使えることが知られる必要があったことが最大の理由であろう．ただし，喜田（1924）が「キャベツの種子が高価で，育苗しないとうまく結球しない」と述べているように，採種体系が整わないので，種子が高価で，供給が不安定であったこと，育苗が必要で栽培が面倒であったことも大きな理由かもしれない．

　1895（明治28）年に東京でカツレツの付け合わせを刻みキャベツにしたところ人気になり，トンカツとキャベツのコンビが誕生し，わが国独特の利用方法が生まれた．料理書では1900年以降にキャベツを使った料理が出てくる．その

頃はもっぱら西洋料理に用いられ，和風料理にほとんど登場しない．神田喜四郎は1909（明治42）年出版の「西洋野菜の作り方と食べ方」の中で，キャベツの栽培と利用を推奨して次のように述べている．「キャベツは西洋の臭いのない，日本人の嗜好に適し，用途の広い野菜である．北海道や東北地方では以前から栽培されているが，西南地方でも近年だんだんと作る人が多くなった．しかし，未だ一般に賞味されるまでにはなっていない．西洋料理だけでなく庶民的などんな料理にも使える野菜であるので，今後その需要が多くなるに違いない．食べ方として肉や魚と煮たり，汁の実に使うと日本の野菜とは違って歯切れがよい」と述べ，糠味噌漬け，切り漬け，三杯酢，ごま和え，揚げ物等の日本料理とロールキャベツ，ボイルドキャベツ，シチュー，サラダ，スープといった西洋料理を挙げている．しかし，1925（大正14）年の料理書でもキャベツは洋菜類の代表とされ，生食に用いられるが，需要が西洋料理専用ということで一般日常野菜になっていないと記されている．この頃までは西洋料理向きの野菜と思われていたのではないだろうか．そして1930年以降になると和風料理にも用いられるようになる．

　しかしながら，大正末～昭和初めの各地の食生活を記録した「日本の食生活全集」では，キャベツは既に全国各地で利用され，東京，大阪などの大都市ではサンドイッチ，ロールキャベツ，ボイルドキャベツ，サラダなど西洋料理に用いられているが，農村地帯では，汁の実，各種漬物，お浸し，煮浸しなどの日本料理に取り入れられている．このように普及の時期が一般の料理書の記述と一致しない点もあるが，遅くとも昭和に入ると和洋両用の便利な野菜として普及していったと思われる．

　明治時代から昭和初期にかけてわが国独自の品種も育成されていったが，前述のように採種が不安定で導入品種が多く栽培された．第2次世界大戦で種子の輸入が途絶したのを機に，採種技術が確立された．戦後，自家不和合性利用によるF_1品種の育成など育種技術が進歩し，抽苔性など生態特性の研究と相まって生産が安定し，品種，播種期，栽培地の組合せにより周年生産が達成された．高度経済成長期以後，生産・消費が拡大し，生産量では1980年代前半，栽培面積では1970年代後半にハクサイと逆転し，葉菜類のトップとなっている．

　料理書でも昭和に入ると10位前後まで出現率が増えている．戦争を経て，高

度経済成長期，安定成長期，バブル期とその後の現在までその地位は変わっていない．そして，「家計調査報告」にみる年間の購入量の変動はニンジン，タマネギと並んで最も小さく，一年中安定して購入されている．また，購入量の変動が購入額の変動より小さく，必需野菜の1つになっている．このように購入量や金額からみると季節性が小さくなっているようにみえるが，料理書では春に出てくる春系のキャベツを「新キャベツ」と呼び，季節性が意識されている．需要が多様化するとともに，葉が白くて，球が硬くしまった従来の寒玉系に加えてサラダなどに適する緑色で柔らかい春系やグリーンボール，サワー系などキャベツの品種が多様化した．このように，高度経済成長期以降の食生活の変化に対応してキャベツが進歩してきたことが今なお地位を維持している理由の1つと思われる．キャベツの生産量は1980年代に最も多く1600千tに達したが，現在は1350-1400千tで減少傾向にある．

　キャベツはこのような家計での重要性から，価格の変動が最も話題となりやすい野菜である．価格の高騰時に大消費地に出荷するために沖縄，鹿児島，長崎で契約栽培されており，かつては緊急的に台湾から輸入されたことがある．他方，価格暴落時には畑にすきこんで廃棄する「市場隔離」のニュースがテレビに登場する．現在もキャベツは国産の不作時の価格高騰期に輸入が増加するタイプの野菜である．

　家庭消費用では家族人数が少なくなって，以前より玉が小さくなり，大玉は1/2カット，1/4カットで売られている．2010年にはキャベツは50％が業務加工用で，このうち加工原料用が29％，業務需要が21％で，業務・加工需要への対策が重要になっている．業務・加工用では料理によって需要が異なり，サラダやサンドイッチなど一部を除いて，カット用，炒め物，ロールキャベツ用，大阪のお好み焼きなどには基本的に寒玉系の大玉が求められている．特に4-5月どりの寒玉系の大玉が不足しがちで，この時期の寒玉系キャベツの栽培技術についての研究が行われている．

2. 洋食から和食まで汎用性が広いタマネギ

　明治政府が導入した'イエロー・グローブ・ダンバース'が北海道で1880（明

治13）年頃から試作され，1882-83（明治15～16）年には採種できるようになり，定着した．その後この品種から現在の北海道のタマネギ品種の元になった'札幌黄'が生まれた．本州では大阪で1886（明治19）年頃から'イエロー・ダンバース'を栽培してかなりの収量を得た．この品種から後に'泉州黄'が育成され，これが現在の暖地のタマネギ品種の元になっている．そして，北海道の春播き秋どりと本州の関東以西の秋播き初夏どりという基本的な栽培体系が成立した．

このように栽培が安定し，料理書での出現率からみても第一世代の洋菜類の中では普及が早かったタマネギであるが，北海道から東京に初めて出荷した時にはラッキョウのお化けのようで気味悪がられたといわれている．西の大阪でも似たような逸話が残っている．当初臭いが嫌われ，なかなか売れなかったが，1893（明治26）年に大阪市に悪疫（コレラ）が流行し，タマネギがよいという評判から値段がにわかにうなぎ上りになったという（1996.8.11 朝日新聞，地球食材の旅）．

それよりかなり後になるが神田喜四郎（1909）はタマネギの栽培と食べ方について次のように記している．「タマネギはネギより味が良く，長く貯蔵できて年中いつでも利用できるので，需要が増し，また作り手も増えつつある」．また，「日本のネギと全く同じように，魚や肉などと一緒に煮たり，お汁の実にしたりする．ネギよりも味が濃厚で，香気が高い．①牛乳とスープで柔らかに煮て，塩と胡椒で味を付けて食べる，②水煮してバターを載せて食べる，③西洋料理のシチュー，オムレツ，コロッケなどの材料として用いる」と記している．料理書では1900年代に入ってからタマネギが現れ，当初は主にバターかけ，シチュー，オムレツ，サラダといった西洋料理やコロッケ，カレーライスといった日本化した洋風料理（洋食）に用いられていたが，1920年代半ばの昭和に入る頃から汁の実，卵とじ，和え物，てんぷらといった和風料理にも用いられるようになった．

「日本の食生活全集」では，東京，横浜，大阪，神戸といった大都市や北海道の一部の地域でシチュー，サンドイッチ，カレーライス，ロールキャベツ，コロッケ，ハヤシライスなどの洋風料理に用いられているが，その他の大部分の地方では和風のてんぷら，みそ汁，うどん，油炒め，魚や肉料理の付け合わ

せ，煮物，すき焼き，肉じゃが，親子丼などの料理に用いられている．また，ほうとう，だんご汁などの地方料理にも用いられている．キャベツと同様にこの頃から和洋両用の野菜として普及していったと思われる．

　昭和に入ると料理書での地位が上がり，戦前に既に最も出現率の高い野菜になっている．そして，戦後は現在まで常に最上位を占めている．生産量でも1990年代初めに1300-1400千tまで増加した．その後はやや減少して1200千t前後で推移しているが，近年は年間200-300千t輸入されているので，消費量は減少していない．タマネギは花粉が不稔になる雄性不稔という性質を生かしてF_1品種が育成されている．また，戦前は直播栽培であった北海道のタマネギは戦後移植栽培に変り，さらに全国的にセル成型苗（第Ⅰ部　第2章　注4参照）による機械定植が定着した．また収穫も機械化が進み，生産農家が高齢化する中で生産力を維持している．タマネギは貯蔵できることから，春～初秋は本州産，秋から冬は北海道産が主に流通しているが，特に両者の切り替わりの時期に年によっては供給が不安定になることがある．

　キャベツ，ニンジンと並んで現在の日本の食生活で中心的な役割を果たしている野菜である．品種の変遷はあるものの品質や用途などの内容はキャベツやトマトのように大きくは変化していない．ただし，日本のタマネギは現在辛味種が中心になっているが，料理書では生食向きの球が赤い甘味種の赤タマネギが色どりを添える目的もあってサラダに登場することが多い．サラダにはタマネギが最も多く利用されているので，今後利用が増えるかもしれない．なお，北海道産の秋どりと本州産の春～初夏どりのタマネギは特性が異なり，前者は貯蔵性が優れ，炒め物や煮物など料理の汎用性が広く，後者は貯蔵性は劣るが，サラダへの適性が優れる．

　タマネギは「家計調査報告」では購入量，購入額ともにニンジン，キャベツと並んで年間の変動の少ない野菜で，年間安定的に一定量が購入され，季節性も少なくなっているようにみえる．しかし，春の本州産の早出しタマネギが「新タマネギ」として料理書に取り上げられ，上述のようにサラダ用として高く評価され，季節性を残している．

　タマネギは2010年には業務用30％，加工原料29％と，業務・加工用の割合が多い野菜である．生鮮野菜としては，輸入量の最も多い野菜で国内生産の不

作時や端境期の価格高騰時に輸入が増えている．家庭消費では国内産が優勢であるが，輸入品の多くは業務・加工用仕向けで，業務・加工需要に占める輸入品の割合は2000年に36％と，トマト，サトイモに次いで輸入品の割合が高い（小林2006）．特に肉とともに料理されるハンバーグや牛丼では大玉のタマネギが求められており，輸入品のメリットは大玉であることと価格差にあるとされている．安定生産と業務・加工向けへの対応が重要になっている．

3. 品種転換によって食生活への適応性を広げたニンジン

「多識編」（1612）に初めて記載され，16世紀に東洋系のニンジンが中国から渡来したとされている．江戸時代には早くから料理書に現れる．当時は紫赤色や白色の品種も栽培されていたとされる．江戸時代後期に西洋系のニンジンが長崎に入り，以後明治時代にかけて順次欧米から導入された．西洋種の中からわが国に馴化した品種も栽培されるようになった．戦前には長さ1m近くにもなる長根系から五寸，三寸など短根系の品種まで栽培されていた（図Ⅱ-2-1）．

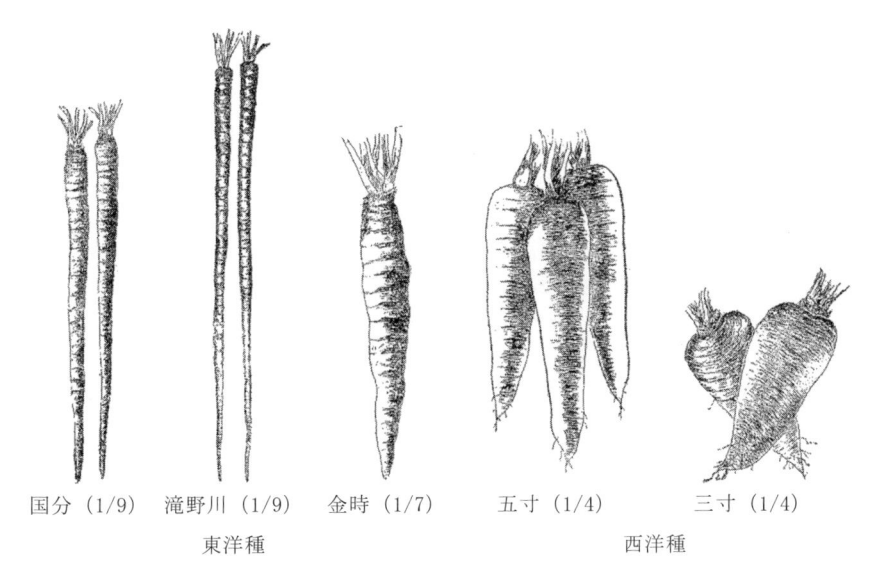

国分（1/9） 滝野川（1/9） 金時（1/7） 五寸（1/4） 三寸（1/4）
　　　　東洋種　　　　　　　　　　　　　　西洋種

図Ⅱ-2-1　ニンジンの根形
　　　　篠原（1951）
　　　注）（　）内の数値は原寸に対する縮尺を表す．

神田喜四郎（1909）は次のように述べている．「日本のニンジンは根が非常に長く，品質も優れているが，作るのは面倒で，夏に播いて，11月頃とるのが普通である．西洋ニンジンの多くは形が小さく，品質は少し日本のニンジンより劣るが，色が非常にきれいである．3月から9月頃までなら，いつ播いてもよく，2ヶ月半から3ヶ月ぐらいで十分食べることができる」．この場合の日本のニンジンは'滝野川'や'金時'などの品種を指しているのであろうが，同様の記載は1920年代の料理書でもみられる．このように，その後の品種変遷を予言している．昭和30年代から東洋種は次第に姿を消し，西洋種の中で五寸系に集約されるようになった．東洋種は低温に遭うと抽苔（とう立ち）しやすいので，栽培時期が限られているのに対して，西洋種は抽苔しにくいので，周年生産が可能なこと，カロテンが主要な色素で，カロテン臭が嫌われたが，栄養価が高いといった特徴があった．さらに，西洋種の五寸系の品種は収穫・調製などの作業が容易なこと，料理にも使いやすいことなどの長所を備えていた．その後，固定種からF_1品種に変わり，現在は五寸系の中でも根が円筒形の品種に集中している．現在流通している東洋種のニンジンは根が赤い'金時'のみとなった．もともとは大阪で発達した品種で，関西地方ではお節料理用など根強い需要があり，現在は香川県が主産地になっている．大阪市場ではニンジンは「金時ニンジン」と「西洋ニンジン」に区別して扱われている．

　料理書の世界では江戸時代から現代まで出現率の高い野菜の1つである．特に，大正時代以後は現在まで常に2位以内に位置している．上述のように品種を変えながら，明治時代以後の激しい食生活の変化を担ってきた野菜で，洋菜類第1世代のキャベツやタマネギとよく似た役割を果たしてきた．時として料理書では春のニンジンを新ニンジンと呼ぶことがあるが，家庭の購入量，購入額ともに最も変動の小さい野菜で，年間を通じて安定して購入されている．ニンジンは各種のアンケート調査によるとあまり好まれる野菜ではない．特に，ニンジン嫌いの子どもが多いようにいわれている．それにもかかわらず，今までみてきたように料理書ではタマネギと並んで最も出現率の高い野菜で，香辛・調味野菜としての利用も多い．その理由として，ニンジンはホウレンソウと並んで母親が子どもに食べさせたいと考えている野菜であることから栄養価が高く，健康に良いという評価とその甘味が好まれるのであろう．特に最近は

ニンジンも甘味が重視される傾向がある.

　小林（2006）によると，ニンジンは家庭消費 44%，業務需要 23%，加工原料需要 33%で，業務・加工需要の 34%は輸入品が占めている．生鮮品の輸入は近年数万 t で，加工品としては野菜ジュースなどに用いられるペーストの輸入量は生鮮換算で二十数万 t に達している．国内生産量は 600-700 千 t であるから，国内需要の 1/3 程度は輸入に頼っていることになる．サラダ，カット，加熱調理用は 2L 級（300g）以上の大きいものが求められるので，単なる不作時だけでなく，肥大が劣る場合にも輸入が増えることになる．特に 4-6 月に国産の大型品の供給が不足するので，その安定供給が求められている（藤島・小林 2008）．

4．昭和以降になって普及した洋菜第 2 世代：トマト

（1）導入初期の普及状況と利用

　トマトは 17 世紀に日本に渡来したが，主に観賞用であった．野菜として本格的に発展したのは 1873-74 年に開拓使によって米国から再導入されてからである．明治 20 年代までは東京，横浜などの外国人向けで，一般への普及はキャベツやタマネギよりも遅れた．しかし，キャベツやタマネギが料理書に登場するのはおよそ 1900 年以降であるが，トマトが登場するのはそれより早い．わが国最初の西洋料理書の 1 つ「西洋料理指南」（1872：明治 4 年）にはサラダ，スープ，牛肉の切煮といった料理に早くも赤茄子（トマト）が現れる．幕末の 1865（慶応元）年に神奈川奉行所によって試作されていることからも分かるように，明治政府によって海外から導入される前に外国人向けに栽培が始まっていたので，一部の人々には早くから利用されていたと思われる．これ以後，西洋料理を取り上げた料理書には必ずトマトが登場するが，西洋料理になじみがないこともあって，一般大衆にはあまり知られなかったと思われる．

　神田喜四郎（1909）は「西洋野菜の作り方と食べ方」の中で，トマトについて次のように述べている．「近頃東京では大分トマトを用いる人が増えて，どこの水菓子屋でも必ず店先に飾るようになった．しかし，今のところまだ一般の嗜好には向かないので，トマトは庭の眺めに添えるものぐらいにしか思わない人もある．大抵の人はトマトを見ると，そのおいしそうな真赤な色に迷って口

に入れるが，非常に臭いのと，ホオズキのような味がするので，すぐに吐き出してしまう．しかし，トマトは決してそうまずいものではないので，少しく食べ馴れると，キュウリやスイカの到底及ぶ所ではない．西洋野菜などの流行につれて，早晩わが国にも一般に使われるようになるだろう」．続けて食べ方について「赤く熟したものに熱湯をかけるか，5，6分間熱湯の中につけておくと，薄く皮を剥ぐことができる．皮を剥いだ後は，輪切にして，酢か，三杯酢か，イチゴのジャムなどをかけて食べると見栄えが良いばかりでなく，甘酸適度で，夏の食べ物として至極結構なものである」．さらに「トマトの皮を剥いで輪切りにし，十分バターで絡めて，塩と砂糖で味を付けても食べるが，なおその上から玉子をかけて，卵が半熟になったとき，皿に盛って食べると，一層味がよい」と述べている．その他に，ジャム，トマトソース，トマトの印籠煮，トマトの羊羹，トマトのライスカレー，トマトのスープ，サラダ，酢漬け，トマト湯といった料理を紹介している．

　1913（大正3）年に島地は「蕃茄栽培調理法」の中でトマトの栽培法と料理法を記している．品種として'ミカド'，'アクム'，'ポンデローザ'など9品種と'イエロープラム（金柑とまと）'を挙げている．播種後1回仮植して育苗後，定植する移植栽培で，促成栽培が東京の砂村，大阪の今宮，京都の岡崎で行われ，ガラス障子が油紙より有利であるとしている．加工法としてトマトソース，トマトジャムを挙げ，料理法については前記の神田と同様の料理を紹介している．大正時代にはこのように栽培法も進歩し，都市近郊を中心にトマトが普及しつつあったことがうかがわれる（図Ⅱ-2-2）．

　その後1924年の「西洋野菜の作り方と其調理法」（万年青主人）でも，「トマトは臭みがあって初めから好んで食べる人は少ないが，いったん味を覚えると好むようになる．皿に入れ砂糖，三杯酢，イチゴジャムで食べる」と記載されている．また，1933（昭和8）年の料理書には三杯酢や砂糖，塩で食べる食べ方が登場している．最初トマトが「水菓子屋（果物店）に飾られていた」ことから分かるように，トマトは果物あるいは果物に近い感覚で食べられていたと思われる．戦前にトマトを食べた経験のある人に食べ方をたずねると，砂糖か塩をかけていたとの答えが多い．1920年代以降一般家庭向けの料理書にも西洋料理が一部載せられるようになり，トマトが登場するようになる．しかし「日

イエロー・プラム　　　　ベスト・オブ・オール

ポンデローザ　　　　　　アクム

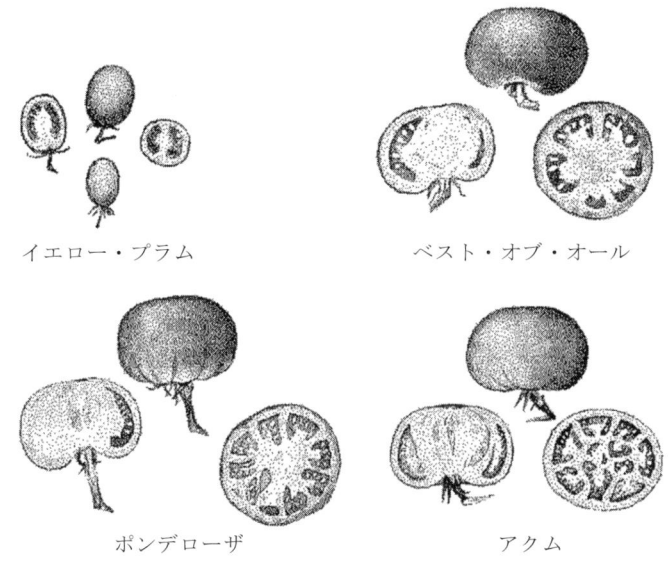

図Ⅱ-2-2　トマトの果形
　　　　　下川（1925）

本の食生活全集」では食事にトマトが登場するのは筆者が拾ったところでは全国47都道府県の数多くのレシピの中でたった数例に過ぎない．多くは果物的な食べ方をしている．その一方で，農家が自家用に栽培している野菜としては二十数か所で登場するので，大正末から昭和の初めにはある程度トマトが農村にも知られつつあったが，食事での役割はキャベツ，タマネギのような同時期に導入された野菜と比べても格段に低かったことが分かる．これにはトマトが果物のように食べられていたので，料理の一品としてレシピに入らなかったことも影響しているのかもしれない．また，トマトの普及が遅れた理由として，臭いが嫌われた他に，キャベツやタマネギのように日本料理への適応性がなく，サラダなどの生食が一般化するまでは果物として以外の食べ方がなかったことも関係していると思われる．

　その後時代とともに西洋料理が普及して，1930年代に入ると，今日と同じように和洋中華の各料理を一冊に網羅した一般家庭向けの料理書が現れ，トマトを使った料理も増えてくる．戦前の昭和10年代の料理書ではミツバ，フキといった当時の一般的な野菜と同程度の出現率にまで増加している．ここではサラ

ダの他に，西洋料理としてはスープ，バター焼き，トマトライス，スタッフドトマト，日本料理としてはおろし和え，トマトおろし，含め煮といった料理が載っている．また，トマトの生産量をみても，1907-11年には栽培面積60ha，収穫量800tに過ぎなかったが，1926（昭和2）年に688ha，11千t，1935（昭和10）年には9047ha，140千tと昭和に入って急増している．したがって，上村（1977）が述べているように特殊な洋菜の域を脱して一般化したのは昭和10年頃と思われる．ただし，普及の時期には地域差があったようで，例えば，澤田（1979）は，北海道の札幌では1927（昭和2）年ごろには一般に普及していたが，愛知県では1942（昭和17）年頃でも食べる人はわずかであったと記している．ちなみに，1926（昭和元）年には栽培面積，生産量ともに北海道が最も多かった．一方，トマト加工品については1906年にトマトソースの製造が始まり，トマトソース，ケチャップ，トマトの缶詰といったトマト加工品が昭和時代に入ると料理書に登場するようになった．

(2) 日本のトマトを特徴づけた事情

アメリカでもかつてトマトは果物か野菜かの論争があったので，トマトに果物に近い感覚を持っているのは，必ずしも日本だけの現象ではないかもしれないが，日本では特にこの傾向が強い．日本の生食用のトマトは素材の美しさと味を尊ぶ日本人の嗜好を反映して，主に野菜として調理して食べる欧米と比べて，生の果実の色，形，味が特に重視され，日本のトマトの発達に大きな影響を及ぼした．日本と諸外国との違いの1つは生食用の大果系トマトは全て果実の表面が桃色（第Ⅰ部　第1章　注5参照）の品種であることである．桃色か赤かは単に果実の表皮の色の違いによるもので，食味などの品質とは本来無関係である．桃色が選ばれた理由については，藤井健雄は「最初にイギリスの赤色系トマトの'ベスト・オブ・オール'が導入されたが，酸味が相当強く，味の濃厚ないわゆるトマト臭の強い品種であったのに対して，アメリカから酸味，臭いが少なく，果実が桃色の'ポンデローザ'が入り，桃色系のトマトが優先されるようになった」と述べている．また，料理研究家の一戸は1923（大正12）年の著書「栄養料理法」の中で，「トマトの品種には暗赤色，鮮赤色，深赤色，紅赤色，黄色，鮮黄色，橙黄色などがある．'ポンデローザ'は鮮赤色で種子がほとんどなく優品である」と述べている．この当時はいろいろの果色の品種が栽

培されていたこと，そして既にこの頃料理関係では果色が桃色の'ポンデローザ'の評価が高かったことが推定される．他方，野菜の技術者である喜田 (1924) や下川 (1925) は'ポンデローザ'は種子が少なく肉質がしまるが，大き過ぎて食卓には適さないのでソース用に良いと述べている．このように利用側と生産側で評価は異なっていたが，その後利用側の評価が優勢になり，1938（昭和13）年頃には東京市場で桃色系と赤色系が競合していて，次第に桃色系が優勢になった．江口は日本園芸発達史 (1943) の中で，「最初，早生豊産で，栽培容易な'ベスト・オブ・オール'あるいはそれに近似の品種が作られていた．その後次第に，桃色，大果の'ポンデローザ'が市場に認められてきて，このところ 5-6 年来，市場も消費も桃色種万能の時代に変わってしまった．恐らく今後とも，桃色で種子少なく，肉多く，甘味強く，果形の斉一な，一見富有柿に似て腰高の品種が喜ばれることだと思う」と述べている．したがって，トマトが一般的な野菜になった昭和 10 年ころから桃色系中心になっていたと思われる（図 II-2-2）．

(3) 戦後の発展（高度経済成長期）

戦後になると西洋料理が栄養的に優れていること，欧米文化への憧れから一気に食生活の洋風化が進み，料理書の世界ではトマトは戦後間もなくタマネギ，キャベツと同等の主要野菜に位置づけられるようになった．その後，NHK の「きょうの料理」では出現率 5 位から始まって 1980 年代以降はタマネギ，ニンジンに次いで 3 位に入っている．「家計調査報告」でも 1956 年の調査対象野菜 12 種類の中に入っており，経済が戦前のレベルに回復し，高度経済成長が始まるまでの昭和 30 年頃には家庭消費でも主要野菜の中に入ったのである．トマトの購入額は 1980 年代以降野菜の第 1 位で，1990 年後半以後の消費低迷，デフレ傾向の中で多くの野菜の購入額が減少しているにもかかわらず，未だに増加している．また，購入量も微増傾向で，近年はキャベツ，ダイコン，タマネギといった基本的な野菜に次いで多く購入されており，トマトの食生活での地位がさらに高まっている．

このようにトマトは主要野菜になったが，高度経済成長期以後いくつかの大きな変化を遂げてきた．その 1 つは施設栽培による生産・流通の周年化である．「家計調査報告」では 1956 年には 6-8 月の 3 ヶ月で年間の購入量の 94％を占

め，年間の購入量の変動係数190%で，購入額の変動係数が170%であったが，1980年にはそれぞれ48%と72%，2008年には33%と38%と年々平準化してきた．そして多くの野菜は近年変動係数が一定になり，周年化がほぼ極限に達しているが，トマトはまだわずかながらも変動係数が下がり続けている．施設での栽培は当初は低温期が中心であったが，後には東北，北海道といった寒冷地や高冷地の夏のトマトもハウスの天井だけ被覆した雨よけ栽培が増え，収量が増え品質が向上した．さらに近年はロックウールなどの養液栽培で20段から35段程度まで収穫する長期どり栽培や1段から3段程度までの短期間収穫し，作付け回数を増やす低段密植栽培も行われ，生産の周年化が一層進行している．

このように周年化する中で，特に高度経済成長期に消費者からトマトの食味が悪くなったという不満が現れた．この原因は秋冬季の施設栽培が増えたことだけでなくて，高度経済成長期以後，トマトの産地が京浜，京阪神などの大都市から遠くなり，予冷や低温輸送といった流通条件も十分に整っていなかった中で，夏季を中心とした高温期には果実が少し色づいた未熟な状態で収穫・出荷する必要があったことも主な理由であった．1970年代にはある程度の年配の人からは，「昔，夏に庭先の真っ赤に熟したトマトは美味かった」という声がよく聞かれた．これは昭和10年代から30年頃までの施設栽培が一般化する前に少年期を農村で過ごし，成人してからは都市で生活していた当時の典型的な日本人の持っていたトマトのイメージと思われる．日本のトマトの消費が生食中心であるので，食味への不満が特に強く感じられたのである．

(4) 高品質化と多様化（安定成長期からバブル隆盛期）

こういった消費者の要望に応えて品種改良と栽培技術によって食味の改良が図られた．1985（昭和60）年に成熟しても果実がつぶれにくく，荷傷みしにくい品種'桃太郎'が発表され，「完熟トマト」として高い評価を得た．その後，促成栽培から抑制栽培まであらゆる作型に適応する桃太郎シリーズの品種が発表され，ある時期にはこの系統の品種の独占状態になった．1970年代から「きょうの料理」に「完熟」という語を冠したトマトが現れ，1980年代から特に「完熟トマト」が強調されるようになった．今日，出荷前の予冷や低温流通が一般的になったこともあり，現在のトマトは完熟ないし完熟に近い状態で流通している．また，灌水を極度に抑えて，果実の内容成分を高めた甘味の強いトマト

を生産する農法が 1980 年代後半にマスコミの話題を集めた．その後，灌水を少なくしたり，高い塩類濃度の養液で栽培して糖度を高めた「高糖度トマト」が生産されるようになった．このように，トマトの高品質とは高糖度を意味するかのようになった．2000 年代に入ると「きょうの料理」に高糖度トマトを意味する「フルーツトマト」の名前が登場する．

　また，高度経済成長期以後にはトマトに個性がなくなったとの批判も聞かれた．例えば，早くも 1970 年の「きょうの料理」で「トマトは近年ビニルハウスでできるためか種類が限定されているが，トマトにはピンク，黄，赤の品種があり，装飾用のプティトマトやきんかんトマトがある」といったとの記述がみられる．ミニトマトはこのような批判に応えた多様化の現れとみることができる．古くからトマトには果実が小さい「チェリートマト」や「金柑とまと」（図 II-2-2）と呼ばれる品種が一部栽培されていたが，普及していなかった，生産上からは収量が少ないなどが理由であったが，需要がなかったことが最大の理由であった．需要が増えるとともに，糖度が高く，作りやすい品種が現れ，1980 年代からミニトマトが一般化していった．「きょうの料理」では 1970 年代後半に「プチトマト」の名前で現れ，1980 年代から「ミニトマト」になっている．この頃にミニトマトの名前が定着したと思われる．

　野菜としてのトマトは生食だけでなく，欧米では種々の料理に用いられる．明治時代からの料理書には前述したようにサラダ以外に各種の西洋料理や和風の料理も紹介されているが，どの程度普及していたのか疑問である．また，戦後は「きょうの料理」に缶詰のホールトマト，トマトジュース，ピューレやペーストを用いた料理が登場している．近年，加熱調理用のトマトへの関心を集めているのはイタリア料理の人気が高まったことが大いに影響している．図 II-2-3 には「きょうの料理」に出てくる大果系のトマト，ミニトマト，缶詰のホールトマト（水煮トマト）の年間の出現回数の変化を示した．ミニトマトは年々増えて，近年は大果系のトマトに近づきつつある．一方水煮トマトは 1980 年以来明瞭な増加傾向を示していないが，ホールトマトの輸入量が 1990 年代末から 2000 年代初めの 70-75 千 t から 2009 年には 93 千 t 弱まで増加していること，国内生産も増えていることから加熱調理用の消費が増えていると思われる．このように調理用トマトが注目を集めるようになったのは 1990 年代になってか

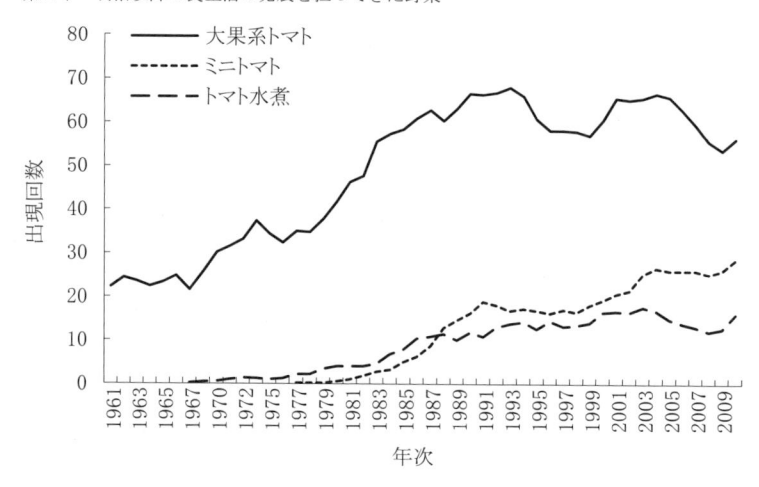

112　第2章　明治以降の食生活の発展を担ってきた野菜

図Ⅱ-2-3　「きょうの料理」における大果系トマト，ミニトマト，水煮トマトの年間出現回数の変化（5年間の移動平均）

らであった．これも一種の「カレーライスの法則」であり，戦後の洋風化も明治時代と同様に日本人のフィルターを通して西洋料理を取り入れていたことを示している．

(5) 現状と将来

　先に，トマトの消費は年間平準化する傾向が続いていると述べたが，青果としてのトマトは流通業界ではサラダ商材の主力野菜である．サラダは春から夏の温度の高い時期が消費の中心であることから，生食用のトマトはこれからも消費の季節性が残ると思われる．また，各種の調査で子どもにも大人にも最も好まれる野菜の1つである．特にミニトマトは甘さが好まれ，フルーツ感覚で食べられるのが理由とされている．このようなことから日本人のトマトの消費は今後も生食が中心で，季節性をなくすことはなさそうである．トマトは日本では2000年には加工品としての消費が全体の39％で，その原料の大部分が外国産であるのに対し，アメリカは79％で，しかも日本の場合国内生産はほとんどが青果用であることから，日本のトマトの生産がいかに生食に特化しているかが分かる．

　小林（2006）によるとトマトは家計消費が41％で，業務用需要が19％，加工原料需要が39％で家計消費の割合が低い野菜である．家庭での消費の中心は生

鮮で，加工用需要はジュースやペースト，ピューレ，ホールトマトなどの原料用である．わが国でも，1960-70 年代には加工専用の品種が育成され，栽培法が確立されて，長野県などの高冷地や北関東や東北地方を中心に生産されていた．しかし，トマト加工製品の貿易の自由化とともに，わが国の原料トマトはコスト高で生産量は激減し，一部のジュース用以外はほとんどが輸入品で占められるようになった．輸入はピューレ，ペーストといった中間製品が主力で，これが，国内でジュース，ケチャップ，ソースに加工される．したがって，業務・加工用需要の輸入品の割合は 77% と野菜の中では飛びぬけて高い．国内でもジュース以外にも国産の原料トマトから加工製品が生産されているが，その量はごく少ない．業務用需要のうち，イタリアからの輸入が多い缶詰のホールトマトはパスタ料理やピザなどの材料として用いられる．生鮮トマトも輸入されており，野菜サラダや，和え物，ハンバーガー，サンドイッチの具などに用いられている．加工原料用はコストの壁が大きく，国内生産の拡大は難しい状態にあるが，業務需要用の生鮮果実や加熱調理用のトマトについては工夫すれば国内生産も太刀打ちも可能とされている（藤島・小林 2008）．

第3章　高度経済成長以降の洋風化を象徴する洋菜類第3世代

　戦後の食生活の洋風化を象徴する野菜である．明治時代以後に欧米から渡来した野菜は当初は洋菜と呼ばれた．キャベツやタマネギ，トマトもかつては洋菜であった．ここに取り上げる野菜は戦後普及した洋菜である．1959年の「きょうの料理」では洋菜類として二十日ダイコン，ビーツ，セロリ，アスパラガス，玉レタス，エンダイブ（シコレ），レッドキャベツ，パセリ，サラダ菜，クレソン，マッシュルーム，ブロッコリー，カリフラワーを上げている．また，田村（1963）は「洋菜類栽培法」の中で，レタス，サラダ，エンダイブ，セルリー，セルリアック，カリフラワー，ブロッコリー，メキャベツ，レッド・キャベツ，パセリ，ラディシュ，アスパラガス，ピーマン，オクラ，アーテ・チョーク，コールラビー，リーキ，クレス，ルバーブ，カルドン，ビート，スェーデンカブ，サルシフィー，パースニップ，ホースラディッシュ，ニンニク，マッシュルームを上げている．その後，栽培が増え，一般化すると「洋菜類」という語はほとんど聞かれなくなった．この項ではこれらのうち，広く普及して一般化した6種類の野菜を洋菜類の第3世代として取り上げた．

1. ピーマン

　ピーマンはフランス語のトウガラシを意味する piment（ピマン）が訛ったわが国独特の名称で，日本では一般的にはトウガラシの中の辛味のない甘味トウガラシの中の1グループを指しているが，その範囲は時代によって変化し，また人によっても異なる．現在日本で栽培されているピーマンの品種は厚肉大果種，中肉中果種，薄肉中果種，薄肉小果種に分けられている．このうち厚肉大果種（図Ⅱ-3-1：3，4）は欧米で発達して，既に戦前にわが国に導入されていた．ところが，戦後になると次第にわが国在来種のうちの果実の大きい'ししとうがらし'（大じし）（図Ⅱ-3-1：2）や在来種と欧米種との交配からわが国独自の中肉中果種，薄肉中果種が発達し，これが現在のピーマンの中心になっている．なお，薄肉小果種はマッチ棒程度の長さの円筒形の果実の'ししとうが

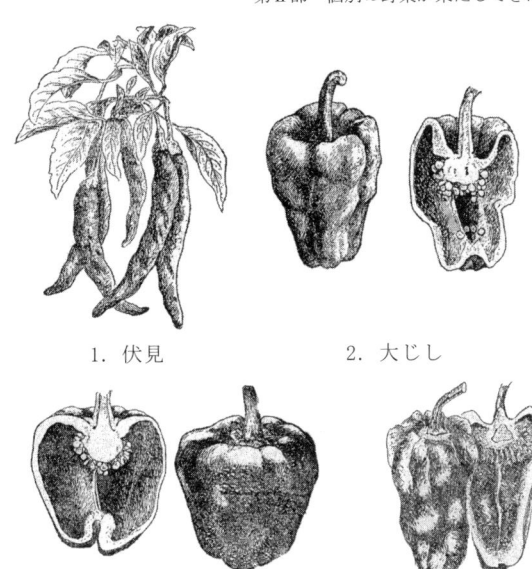

第Ⅱ部　個別の野菜が果たしてきた役割と食生活への適応（各論）　115

1. 伏見　　2. 大じし

3. カリフォルニアワンダー　　4. ルビーキング

図Ⅱ-3-1　甘味トウガラシの果形（篠原・冨樫 1951）

らし'であるが，市場や小売店などの流通業界ではピーマンとは別に「ししとう」また「ししとうがらし」の名前で流通している．このように，一般には欧米の大果種とわが国で発達した中果種がピーマンとして流通してきたが，近年は欧米の厚肉大果種をパプリカと呼ぶのが一般的になっている．また，甘味トウガラシにはこの他に京都の地方品種'伏見甘'（図Ⅱ-3-1）のような果実の細長い辛味のない青トウガラシ（青とう，甘とう，甘長トウガラシ，甘長ピーマン）もある．

　「パプリカ」とはドイツ語，ハンガリー語やクロアチア語で「トウガラシ」の意味であるが，現在日本で流通している「パプリカ」の呼称はこれに由来すると思われる．調味料のパプリカの原料になっている'ハンガリアンパプリカ'は，果色が深赤色で，辛味は無～極辛まであり，果形も先端が尖り（図Ⅱ-3-2），現在日本で流通しているパプリカとは別ものである．

　ピーマンという名称であるが，1930年代の料理書に「ピーマン」あるいは「ピマン」の名が現れ，ライスカレーやトウガラシ肉詰めといった料理に使われている．これは，西洋の大果種で，現在のパプリカに当たる．このようなことか

図Ⅱ-3-2　ハンガリアンパプリカの乾果

ら「ピーマン」という名称は，フランスの影響が強い料理関係で戦前から用いられ，戦後になって一般化したのではないかと考える．なお，1950年代半ばに大じし系の'三重みどり'を三重県津市から「栗真ピーマン」の名で大阪に出荷したのが，ピーマンの名称が一般化した始まりといわれる．ところが，近年は一部の細長い果形の品種を「甘長ピーマン」と呼ぶ一方で，前述のように大果種をパプリカ（ジャンボピーマン，カラーピーマン）と呼び，ピーマンとは区別し，トウガラシという呼称は次第に辛味品種に限定される傾向がある．なお，大果種にパプリカという名称がついた由来は朝日新聞「地球食材の旅」(1997.7)によると，「当初は'ジャンボカラーピーマン'と呼んだが，消費者がピーマンの名前に抵抗を感じるからと，'パプリカ'と改めた．そのせいか，消費者に受け入れられるようになった」という．

　トウガラシは16世紀に日本に渡来し，江戸時代には主に辛味トウガラシが普及し，香辛料として用いられるようになった．辛味のない「甘味品種」も江戸時代に一部に現れていた．辛味トウガラシは17世紀の末の料理書から登場するが，青とうがらしはそれより遅れて，18世紀半ば以降の料理書に現れ，時代を経るにつれて出現率が増加する．しかし，青とうがらしには薬味などに用いられる辛味トウガラシも含まれるので，甘味トウガラシとの区別は料理書の記述からははっきりしない．明治時代に欧米から甘味トウガラシの品種が導入されたが，あまり普及せず，戦前の野菜関係の書籍でも甘味トウガラシについての記載は少ない．その中で，下川(1925)は'ししとうがらし'や欧米の'ルビーキング'，'ゴールデンドーン'といった品種を紹介している．また，明治時

代から戦後までの料理書でも青とうがらしや'ししとうがらし'の出現率は高くない．そして戦後には1947年の料理書にピーマンが現れ，1950年代から頻繁に現れるようになる．野菜関係の書籍に「ピーマン」の名称が現れるのは，筆者の知る限り1951年の松原茂樹編集による「蔬菜園芸ハンドブック」が最初である（坂本 1951）．'ルビーキング'，'カリフォルニアワンダー'といった外国品種をピーマンと呼んでいる．このように戦後の初期のピーマンは大果系の導入品種（現在のパプリカ）を指していたが，次第に，欧米からの導入品種から強健，早生，多収な系統を選抜した分離系統が用いられるようになった．その後，前述のようにわが国の甘味トウガラシの'大じし'などの在来種と欧米種との交配によってわが国に適する日本的な甘味品種が育成され，これがピーマンの主流になった．この過程で果肉や果色が薄くても，肉が軟らかくて，丈夫で作りやすいわが国独特の品種になった．初期の代表的な品種は'大じし'と'ルビーキング'の交配から育成された'緑王'であった．

筆者は1970年代半ばにアメリカのスーパーで売台に盛り上げられたピーマンの山の中に緑色の果実に赤く着色した果実が混じっているのを見て奇異に感じると同時に，アメリカの消費者があまりピーマンの色にこだわらないことを知った．わが国のピーマンがなぜ緑色だけになったのかについて，朝日新聞「地球食材の旅」(1997.7)で，①ピーマンはトウガラシの仲間なので，赤が辛味を連想させた，②緑のほうが保存が利き，流通サイドに重宝がられた，③生産者も，収量が上がる緑のほうを好んだ，④戦後，ピーマン普及のきっかけになった進駐軍が調達したのが緑だった，といった理由を挙げているが，結論は「はっきりしたことは分からなかった」としている．しかし筆者は，たとえこの時代に現在のパプリカのように黄，赤の濃い原色の果実が販売されても西洋料理や中華料理が一般家庭にそれほど普及していなかった当時の状況では日本人に受け入れられる可能性は低かったのではないかと想像している．

戦後の1957年までの料理書でのピーマンの出現率はユウガオ（かんぴょう）やコマツナと同程度である．「家計調査報告」では1962年から購入量と購入額が掲載されるようになり，農林統計では1964年から単独の野菜として登場している．このように，ピーマンは1950年から1960年のほぼ10年間に洋菜類から独立して主要野菜に位置づけられるほど普及したのである．その後の「きょう

の料理」をみると，青とうがらし，'ししとうがらし'とピーマンを含めた甘味トウガラシ類の出現率は次第に増加し，最近はパプリカが新たに加わったこともあり，トマトに次いで4位の出現率である．そして，このうち1990年代半ばまではピーマンが圧倒的に多く，'ししとうがらし'が1980年代から比較的高い頻度で用いられていた．また1960年代から1980年代にかけて現在のパプリカの缶詰が時々登場する．そして，1980年代に入ると，それまでピーマンの果実は緑色だけであったが，赤，黄色に着色したピーマンが登場してくる．着色ピーマンは西洋料理や中華料理によく用いられ，食生活の変化がよく表れている．1993年にピーマンの輸入が自由化されてから，パプリカの利用が急速に増加し，近年の「きょうの料理」では従来型のピーマンと同程度の回数で登場し，その甘みや色彩が好まれてサラダを中心に用途を広げている（図Ⅱ-3-3）．

このように今注目を集め，消費が増えているパプリカの生産と流通の動きについて触れておきたい．現在東京市場でのパプリカの取扱量はピーマンの5分の1程度であるが，取扱量は年々増加傾向にある．貿易統計によると2001年の2万t弱から2011年の2万7千tに増加している．東京市場の取扱量でみると，輸入品の比率が近年高まっており，最近では輸入品の比率は70数％で，スーパーで国産のパプリカを見かけることが少なくなっている．主要対日輸出国は韓

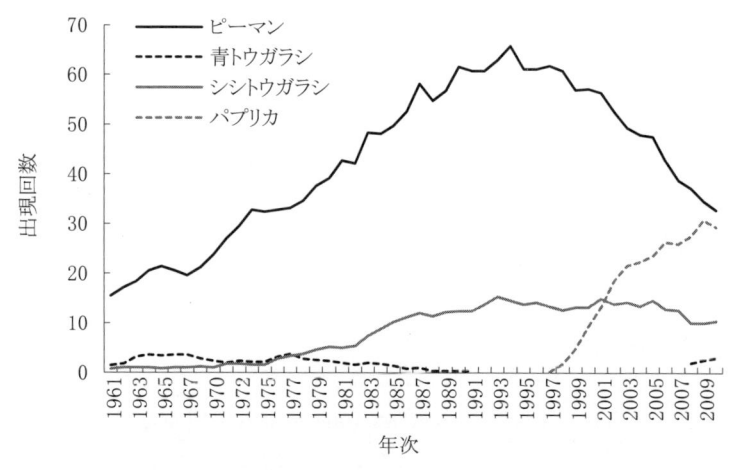

図Ⅱ-3-3　甘味トウガラシ類の「きょうの料理」における年間の出現回数の変化（5年間の移動平均）

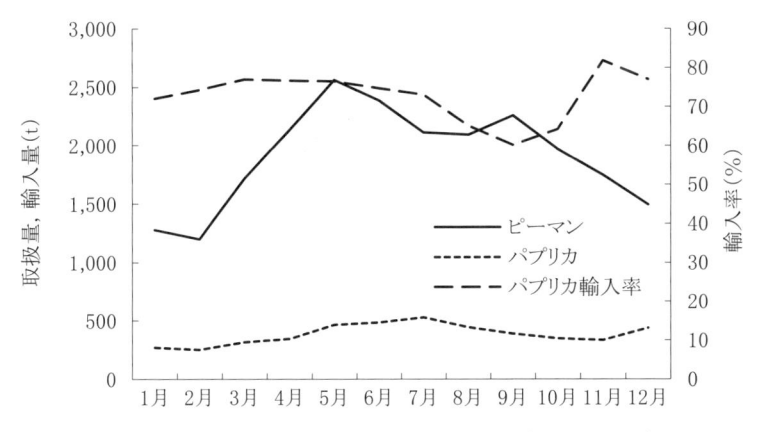

図Ⅱ-3-4　東京市場における年間のピーマン，パプリカの取り扱い量とパプリカの輸入品の割合の推移（2007-2011）

国，オランダ，ニュージーランドで，この3カ国が大半を占め，時期を分担する形で輸入されている．すなわち韓国からの輸入量が最も多く，時期的にも8，9月除いて常に最大の対日輸出国である．これに次いで多いのがオランダで8，9月には最大の対日輸出国である．ニュージーランドは11-4月の冬季を中心に対日輸出量が多い．最近の5年間の東京市場の取扱量からみるとパプリカはピーマンと比べると季節による変動が少なく，輸入品の割合は9月前後にやや低いのと11月にやや高い以外は年間を通じて75％前後で変動が少ない（図Ⅱ-3-4）．このようにパプリカは果菜類の中で季節性の弱いピーマンよりなお季節性が希薄である．日本の消費者には全く新しい野菜で季節性があまり感じられないこと，利用上も西洋料理中心であること，韓国やオランダでは大型施設で栽培され，周年的に輸入されていることによると思われる．パプリカは輸入自由化以来消費が増えて，輸入品が中心になっており，国内生産が伸び悩んでいる．これからの消費動向を考えると日本向きの品種の育成と栽培法の開発が望まれる．

2．レタス類

　レタスの和名は「ちしゃ」，あるいは「ちさ」である．奈良時代以前から栽培

されていたが，葉をかきとって食べる「掻きぢしゃ」であった．このちしゃは古くから重要な野菜で，江戸時代から戦前までの料理書に頻繁に登場する．「日本の食生活全集」ではミツバやニラと同程度の出現率で，東海近畿から西の地域での利用が多い．お浸しや和え物などに使われた．現在の洋風料理中心のレタスとは利用上は別の野菜というほど違っている．現在のレタス類は 1862（文久 2）年にアメリカから渡来した．福羽逸人の「蔬菜栽培法」(1892) では「たまちしゃ」と「たちちしゃ」について栽培法が記載されている．下川義治の「下川蔬菜園芸（1925）」では玉ちさ，縮緬ちさ，立ちちさ，掻きちさについてアメリカ，イギリス，フランスの品種とその特性，栽培法が記載されている．

わが国最初の西洋料理書，仮名垣魯文の「西洋料理通」(1872) にちしゃが出てくるが，これは従来のちしゃか，新に渡来したレタスか明らかでない．その後は 1900 年代に入ると西洋料理関係の料理書にサラダの食材として出てくるようになる．このころの日本料理にもちしゃが出てくるが，これは古くから用いられていた掻きぢしゃで，サラダなどの西洋料理に用いられているちしゃが現在のレタス類と思われる．しかし，戦前までは一般向け家庭向けの料理書にはレタスはあまり出てこない．レタスが一般化するのは戦後占領下で西洋料理が普及してからである．戦後の早い時期の 1948 年の料理書にレタス（クリスプヘッドタイプ）とサラダナ（バターヘッドタイプ）が出てくる．この時代に日本では野菜の栽培に下肥が使われていたので，米軍は砂耕施設を設けてレタス類などの清浄野菜を栽培した．しかし，生食できるレタスを日本人が手に入れることは難しく，普及するには化学肥料で栽培される必要があった．1948 年以後の料理書には，当初はバターヘッドタイプのサラダナが多く登場するが，1950 年ごろからクリスプヘッドタイプの結球レタスが増えてくる．「きょうの料理」では放送開始後の早い時期から頻繁に用いられ，その後，出現率は常に 10 位以内に入っている．サラダナは西洋料理で料理の敷物など付け合わせに多く用いられるので料理書では出現率が高いが，消費量ではレタス類の主力はクリスプヘッドタイプの結球レタスである．夏を中心とした高温期には長野県などの高冷地や東北地方の冷涼な地域で生産され，冬の低温期は兵庫県，香川県，静岡県，愛知県などの温暖な地域で生産され，産地リレーによって周年生産されている．サラダナやリーフレタスは水耕栽培でも栽培され，いわゆる植物工場の

主力野菜である．最近，植物工場が政府の経済対策の1つに取り上げられ，技術開発が進められているので無農薬の清浄栽培として時々話題になる．

レタスが普及するとともに，特にリーフレタスの色，形態など多様化した．昭和40年代にサニーレタスが現れ，「きょうの料理」で1977年に登場している．その後グリーンリーフ（グリーンレタス），韓国の焼き肉料理向けで掻きチシャの一種であるサンチュなどが現れた．なお，あまり知られていないが，中国産の茎レタスの加工品が「山くらげ」の名前で販売されている．

「家計調査報告」では購入量，購入額ともに1980年初頭まで増加し，その後はほぼ一定である．レタスはサラダなどの生食が中心であるためか，4月から10月が他の時期より多い傾向があるが，購入量と購入額の変動の少ないほうの野菜で，年間を通じて一定量が消費されている．主に季節性の弱い洋風料理に用いられるからであろう．

3. カリフラワー，ブロッコリー

両者ともに明治時代に始めて日本に導入され，カリフラワーは「花椰菜」，ブロッコリーは「木立花椰菜」（きだちはなやさい）と呼ばれた．福羽（1892）はカリフラワーについて秋播き春どり，春播き夏どり，晩春から初夏播き秋どりの3つの栽培法を推奨し，ブロッコリーについては春播き栽培を推奨している．しかし，あまり普及せず，「日本の食生活全集」では膨大なレシピのうちカリフラワーが現れるのはただ1件のみであった．また，料理書でも1930年代に入ってようやくカリフラワーがわずかに現れる程度である．戦後になると料理書にカリフラワーが頻繁に現れるようになり，この野菜も占領下での西洋志向の中で普及が始まったことを示している．「きょうの料理」では1958年の創刊時からカリフラワーの出現率は高い．「家計調査報告」では，カリフラワーが1962年から取り上げられるようになり，農林統計では1969年から取り上げられている．

他方，ブロッコリーの普及は遅れて，1960年代に入ってから料理書に現れるようになる．このようにカリフラワーがブロッコリーに先行して普及したのは技術的な要因が大きく関係している．福羽の記述に見えるように，早い時期か

らカリフラワーで品種育成と作型分化が進んでいた．戦後にカリフラワーへの需要の増加に対応して，台湾など亜熱帯の品種を導入して品種改良が進み，異常花蕾の原因解明と対策など栽培技術の進歩と相まって安定して生産されるようになった．ブロッコリーは品種改良が進まず，戦後になって欧米から品種が導入され，1961年になってようやく'中里早生'が育成されるなど，わが国の気候に適し，品質の優れた品種が育成され，作型分化も進み，ようやく生産が増加した．その結果，カリフラワーとブロッコリーは生産量では1980年代後半に逆転し，2000年以降ブロッコリーの生産量が増加しているのに対して，カリフラワーの生産量は減少している．ブロッコリーはすぐに黄化する日持ちの悪い野菜であるが，耐水性の段ボール箱に砕氷といっしょに詰めて輸送できるようになり，1980年代にアメリカからの輸入が増加して，1990年代には自給率が50％程度にまで下がった．反面，輸入によって安定して流通するようになって消費者になじまれるようになった．このようにして，1980年後半（昭和50年代）以降，健康志向の中で緑黄色野菜として需要が急激に増加した．その後は国内生産も次第に増加して，年々輸入品の比率は下がっている（図Ⅱ-3-5）．東京市場の年間の取扱量の推移からみると先に図Ⅰ-5-4-（2）に示したように近年はアメリカを中心とする輸入が国産を補完する形で年間安定して流通している．

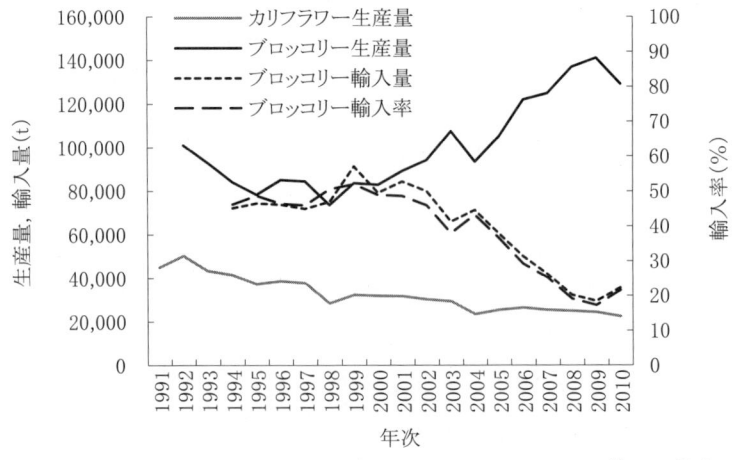

図Ⅱ-3-5　カリフラワーの生産とブロッコリーの生産および輸入の推移

「きょうの料理」にブロッコリーが現れるのは1960年代に入ってからであるが，出現率が高くなるのは1970年代後半からで，1980年代前半になると，カリフラワーを上回るようになった．「家計調査報告」でも，1990年にブロッコリーがカリフラワーに変わって調査対象になった．「きょうの料理」でのカリフラワーとブロッコリーを合わせた出現率は年とともに増加し，最近はハクサイ，ナスと同程度になっている．近年カリフラワーが時々話題に上がるが，「きょうの料理」での最近の10年間のカリフラワーとブロッコリーの出現率の割合はおよそ1：2.5，2007年の両者の生産量の比はおよそ1：5で，ブロッコリーが圧倒的に優勢である．「家計調査報告」での年間の購入額，購入額の変動係数からみるとブロッコリーは年間を通じて安定的に消費されている野菜である．これは，利用面では西洋料理を中心に幅広く料理に用いられること，国産と外国産が補完し合って年間安定的に流通していることが理由と思われる．

4．アスパラガス，セルリー

両者ともに明治時代から野菜としての栽培が始まったが，料理書に登場するのは早かった．セルリーは1900年代初頭の西洋料理の料理書に現れ，ホワイトアスパラガスは1910年代に現れる．その後も頻度は高くないが，常に料理に用いられている．しかし，「日本の食生活全集」には両者ともにほとんど現れず，実際にはあまり普及していなかったことが分かる．

戦前まではもっぱらヨーロッパ風の軟白したホワイトアスパラガスの缶詰が中心で，高級品として西洋料理の付け合わせに用いられ，戦前から戦後しばらくは海外に輸出されていた．グリーンアスパラガスは戦後の1947年の料理書に現れるが，これは恐らくアメリカ軍の影響であろう．その後の「きょうの料理」で，1950年代はまだホワイトが中心であったが，その後の1960年代からグリーンが現れ，1970年代以降になるとほとんどがグリーンになった．

アスパラガスはカボチャ，ブロッコリーと並んで輸入が増えることによって消費者になじんできた野菜の1つである．1990年代には輸入が急激に増加して国内生産は大きな打撃を受けたが，その後徐々に国内生産が回復する一方，輸入が減少して国産のシェアが回復してきている（図Ⅱ-3-6）．野菜の輸入には為

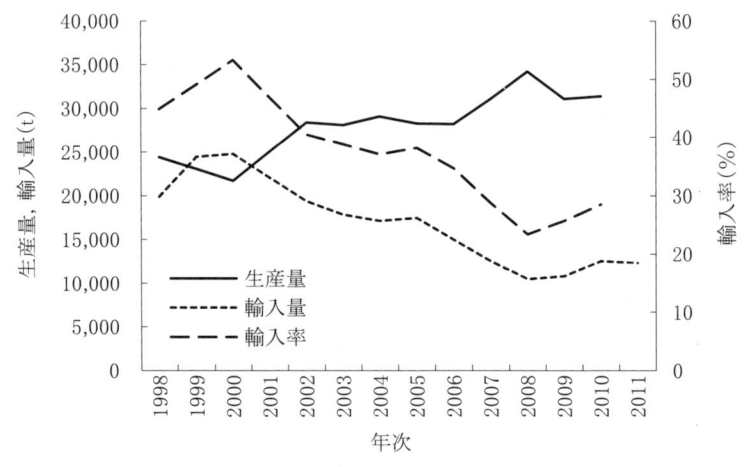

124　第 3 章　高度経済成長以降の洋風化を象徴する洋菜類第 3 世代

図Ⅱ-3-6　アスパラガスの生産量，輸入量，輸入率の推移

表Ⅱ-3-1　アスパラガスの作型例（野菜茶業研究所 2009 より作成）

	1月	2月	3月	4月	5月	6月	7月	8月	9月	10月	11月	12月
Ⅰ 普通栽培（寒冷地）				○	◎		4年程度株養成					
					☆ ━ ☆		以後数年～十数年繰り返す ━					
Ⅱ 伏せ込み促成栽培（寒冷地）		○				◎				△ ▲ ☆		━
	━	☆										
Ⅲ 半促成長期どり栽培（温暖地）		○		◎								
		☆ □ ━							☆			
		☆ □ ━							☆			
以降繰り返し												

注）○：播種，◎：定植，☆：収穫（☆━☆：収穫期），△：掘上げ，▲：伏せ込み，□：立茎

替レートが大きく影響するが，国内生産が増加したのには，作型開発が進み，国内での出荷時期が長くなるとともに生産が安定するようになったことも影響していると思われる．すなわち，もともとのアスパラガスの作型は表Ⅱ-3-1の普通栽培（Ⅰ）で，収穫期は春～初夏の1ヶ月間程度であったが，露地で育成した根株を掘上げ，ハウスに植え付けて冬季に収穫する伏せ込み促成栽培（Ⅱ）やアスパラガスの枝を数本生やし，次々と出てくる若茎を7ヶ月以上にわたっ

て収穫する立茎長期どり（Ⅲ）のような作型が現れて，長期間生産できるようになった．日本では多くの野菜が生産量を落としている中，今なお生産量が増えている数少ない野菜の1つである．オーストラリア，フィリピン，タイ，アメリカ，メキシコなどから年間を通じて輸入され，スーパーでも販売されているので輸入品が消費者になじんでいる．東京市場の年間の取扱量は国内産が多い5月をピークとする山型であるが，輸入品の比率は秋から初春にかけて高く，国産と輸入品が補完しながら，年間流通している．このように，以前は季節性の強かったアスパラガスは季節性を弱めつつある．

　アスパラガスは価格によって売れ行きが大きく変わり，市場，流通業界では嗜好性が強い商品とされている．例えば，茎が紫色の品種が話題を集めている．また，近年生食用のホワイトアスパラガスが注目され，フランス，ドイツ，オランダといったヨーロッパ諸国から輸入されている．土寄せを必要としないホワイトアスパラガスの栽培法が開発され，国内生産も徐々に増えている．

　セルリーは生産量の割には料理書での出現率が高い．例えば，「きょうの料理」では1958-1972年の出現率はハクサイやナスと同程度で，その後も常にレタス，キャベツ，ダイコンなど主要野菜に匹敵する10位前後の高い出現率である．その理由としてセルリーは一度にあまり多量には用いられないが，サラダの他に西洋料理では香辛・調味野菜としても頻繁に用いられるからである．アメリカでは，セルリーの消費量は生鮮野菜の中ではニンジン，キャベツ，ブロッコリーと同程度で，主要野菜の1つになっているが，日本では比較的マイナーな野菜に留まっている．初めてセルリーを口にしたときにその香りと苦味から食べにくかったとの感想をしばしば聞く．その強い香りや味が日本人にはまだ合わないのかアンケート調査でもセルリーは嫌いな野菜に入ることが多い．市場の取扱量の年間の変動はタマネギ，ニンジン，キャベツ並みに小さく，年間一定して流通しており，消費量の季節変動の少ない野菜である．

第4章　食生活の多様化と本物志向を象徴する野菜

　現在知られている野菜の中には明治時代に一度は導入して，試作されたが，普及しなかった野菜も多い．また，今まで述べてきたように普及した野菜の中にも導入後あまり時間をおかずに普及したものと，ある程度の期間の後に普及したものがある．このように，新しい野菜が普及するには，食生活や嗜好の変化や生産が安定するなどの条件が必要であった．高度経済成長期以後についてみると，明治時代に既に導入されていた野菜のうち，戦後の急速な食生活の洋風化の中でピーマン，レタス，ブロッコリー，カリフラワー，セルリーなどが一般に消費されるようになった．それ以外にマイナーのままレストランやホテルなど一部の消費に留まっていた野菜もあった．ところが，野菜の需要が量的に満たされ，特に1980年代以降の「飽食の時代」になると，改めて本物や新しいものが求められるようになって，それまで普及していなかった野菜や新たに紹介された海外の野菜が「新野菜」として注目を集めるようになった．また，海外だけでなく，国内でも大量生産・大量消費の中でそれまで注目されていなかった地方野菜・地方品種の一部で復活の動きが現れた．

1. 本物志向の野菜

　安定成長期以降の高品質志向の中で，それまでの日本化した西洋料理や中国料理からもう一度本物の料理が求められるようになると，野菜についても本物志向が起こった．いわば野菜の「カレーライスの法則」（第1章参照）である．
（1）中国野菜
　1972（昭和47）年の日中国交回復により中国ブームが起こったが，野菜でも「中国野菜」が話題を集めた．当時，新しい野菜の呼び名が混乱していたので，農水省は1983（昭和58）年に中国野菜などの「新野菜」の名称を統一した．この時に対象になった「中国野菜」はチンゲンサイ，パクチョイなど23種類で，その多くは中華料理向きの「中国品種」であった．例えば，チンゲンサイやパクチョイはツケナ類に属し，明治時代に導入されたサントウサイやタイサイと

同様に非結球性のハクサイである．サントウサイやタイサイは葉や葉柄が軟らかく漬物やお浸しなど和風料理に適する．これに対し，チンゲンサイやパクチョイは葉柄が肉厚で，加熱しても崩れにくく炒め物や煮物などの中華料理に適している．これらの野菜は1970年代から80年代に注目を集め，「きょうの料理」にはチンゲンサイが1980年代初頭から現れ，1980年代後半には葉ニンニク，タアサイ，トウミョウ（豆苗）などの中国野菜の出現率が増えている．その後中国野菜のブームが去ると少なくなったが，現在はチンゲンサイと葉ニンニク，トウミョウなどが常時登場している．マイナー野菜の生産状況を集計した農水省の「地方特産野菜」に中国野菜が現れたのは1982年で，パクチョイ，チンゲンサイ，ターサイ，コウサイタイ，ハナニラの作付面積と収穫量が示されている．このうちチンゲンサイのみが農林統計に登場する主要野菜となった．

（2）第4世代の洋菜類

高度経済成長後の安定成長期からバブル期には，西洋料理で本物志向が強まるとともに，「きょうの料理」では1980年と1983年にイタリア料理の特集が組まれている．1985年頃からイタリア料理店が増え，ピザ宅配が現れて，西洋料理の中でも庶民的なイタリア料理が人気を集めるようになった．先に述べた1983年の名称統一の対象となった「新野菜」の中にはエンダイブ，アーティチョーク，リーキ，スナップエンドウ，ズッキーニなど12種類の西洋野菜が含まれていた．飽食の時代に入り，本物志向，新奇性志向の中で，さらにチッコリー，トレビス，マーシュ（コーンサラダ），ルッコラ（ロケットサラダ）といった野菜が登場している．これらのうちスナップエンドウ，ルッコラが農水省の「地方特産野菜」として生産量と栽培面積の調査対象になっている．なお，先に述べた調理トマト，パプリカもこういったグループに含めることができる．

新しい野菜は，以前は卸，仲卸などの市場関係者が小売業やレストラン，ホテルに紹介するケースが多かったが，現在では本場のフランスやイタリアで料理を習得したコックが増え，利用側から求められることもあるという．

2．多様化の中の新野菜

（1）韓国料理とエスニック料理の野菜

「きょうの料理」では韓国料理やインド，トルコ，フィリピンなどのエスニック料理が1960年代から登場し，その後も時々は登場していたが，1980年代後半から韓国料理が常時取り上げられるようになり，1990年代からはタイ，インドネシア，ベトナムなど東南アジアを中心にした「エスニック料理」が取り上げられることが多くなっている．それぞれの料理には特有の調味料や香辛料などが用いられ，本物志向が顕著になっている．日本で作られるこれらの料理に新しい野菜はあまり登場しないが，韓国料理で用いられるリーフレタスの一種であるサンチュや東南アジアの料理でよく用いられるコリアンダー（別名：シャンツァイ，コウサイ），レモングラスなどの香辛野菜が登場し，1980年代にアラブ諸国や熱帯地域で用いられているモロヘイヤが日本に紹介され，1990年代半ばから「きょうの料理」に登場している．

(2) スプラウト類

日本には古くから，モヤシ，カイワレダイコンや芽物と呼ばれるベニタデ，ムラメ（赤ジソの芽），アオメ（青ジソの芽），芽ネギなどのスプラウトがあった．カイワレダイコンはもともと大阪の野菜で，江戸時代の料理書にも登場するほど古い野菜である．ダイコンの品種のうちの夏ダイコン用の「四十日群」の品種は葉が柔らかく，毛（毛じ）が少ないので，おろぬきだいこん（間引きダイコン）として利用されていた．大阪では'大阪四十日'がカイワレダイコンに用いられていた．1970年代から工業的に生産されるようになって，パック入りで全国的に流通するようになったが，1996年に大阪堺市で発生した大腸菌O157による食中毒の原因がカイワレダイコンとされ，大きな打撃を受けた．2000年代に入ると健康志向の高まりや多様化を背景に新たにスプラウトやベビーリーフが人気を集め，料理レシピに登場し，スーパーの店頭に並ぶようになった．

表Ⅱ-4-1はモヤシやスプラウト類に用いられる作物を調べた結果を示している．この表には発芽玄米のように野菜とは呼べないようなものも含まれているが，この他にも多くの作物や品種が用いられていると思われる．

スプラウトが人気を博する理由として，ビタミン類や機能性成分を豊富に含み，農薬や化学肥料を使わずに栽培されるので健康に良いとみられていること，また，パック詰めで販売され，生で簡単に食べられることや葉の色や形の変った野菜・品種を組合わせることにより，見た目に鮮やかで，新規性やファッシ

表 II-4-1 モヤシ，スプラウトに用いられている作物例

	モヤシ[z]	スプラウト[y]	スプラウト[x]	
アカザ科		キヌア	スイスチャード・ビート ホウレンソウ	3 品種 2 品種
アブラナ科	カブ カラシナ クレソン ダイコン	カラシナ キャベツ クレソン ダイコン ブロッコリー	カラシナ ケール コマツナ ターサイ パクチョイ ピノグリーン ミズナ ルッコラ	4 品種 3 品種 2 品種 3 品種
イネ科	コムギ トウモロコシ	イネ オオムギ コムギ ライムギ ワイルドライス		
キク科	ヒマワリ	ヒマワリ	エンダイブ トレビス レタス	 2 品種 10 品種
ゴマ科	ゴマ			
セリ科	ディル		セルリー	
タデ科	ソバ	ソバ	ソバ ダッタンソバ	
マメ科	アズキ アルファルファ インゲン エンドウ ガルバンゾー ダイズ フェヌグリーク ブラックマッペ リョクトウ レンズマメ	アズキ アルファルファ エンドウ ガルバンゾー ダイズ ピーナッツ フェヌグリーク リョクトウ レンズマメ		

[z] セルマンら (1981)，[y] 茅原・片岡 (2003)，[x] スプラウトの材料として種子が市販されている作物とその品種数．

ョン性があることが挙げられる．ちなみに最近の料理書に登場するムスクランはエンダイブ，レタス，トレビス，タンポポ，ルッコラ，マーシュを組合わせた南フランスのサラダ用のスプラウトである．スプラウト類は生産面でも短期間に簡単かつ工業的に栽培できることが大きな利点である．また価格が安定していることも利点の1つである．しかしモヤシやスプラウト類は「種子を食べる野菜」ということもできるが，湿潤多雨の日本の気象条件では，この表に上げた作物の多くは種子の生産効率が悪く，国外からの輸入に頼っている．

3. 地方野菜の衰退と復活

　大正末〜昭和初めの全国の食生活を記録した「日本の食生活全集」に登場する料理は東京，大阪といった大都市の一部や横浜，神戸を除くとそのほとんどは今日の「郷土料理」である．ところが高度経済成長期以後に一般化した家庭料理は全国共通的な石毛（2009）のいうところの「国民料理」（第Ⅲ部　第1章）になり，食料，食品の流通が全国化した．こういった状況の中で地方野菜は衰退せざるを得ない．そして，ファーストフードなど外食や中食の繁栄は地方野菜の衰退を一層加速させることになる．しかしながら，飽食の時代になると新奇性志向，本物志向は海外だけでなく，国内の一部の地方料理や地方野菜にも向かった．

　なお，ここでは地方野菜・地方品種を芦澤（2002）の定義に従って「その地方で選抜・固定され，気候，土壌などの風土や行事・食文化と結びついている野菜・品種」とする．地方野菜は生産・流通・消費の広がりからみて，次のようにいくつかのタイプに分けられる．

（1）地方野菜から全国区になった野菜

　代表的な例としてかつては地方野菜であったコマツナ（小松菜）やミズナ（水菜，京菜）が挙げられ，漬物で全国流通している野沢菜や聖護院カブもこのグループに入れることができる．また，近年全国化した地方野菜にニガウリがある．健康志向や沖縄料理と結びついて広く知られるようになり，東日本大震災以後は省エネ目的の夏場の日よけ作物としても注目され，家庭での栽培も増えている．ニガウリやツルレイシという本来の名称よりも沖縄の名称「ゴーヤ」の方が一般にはよく知られるようになった．

（2）地方の食生活と結びついた郷土料理の中で消費されている野菜

　関西のお節料理に欠かせないニンジンの'金時'や京野菜，加賀野菜はその代表事例である．'金時'は発祥地の大阪府とは離れた香川県が現在の主産地になっている．この他に，ある程度広域的に地方の食生活と密接に結びついている野菜がある．その例としては，九州地方のタカナ類，福岡や熊本，仙台の長ナス，東北地方の食用ギクの'阿房宮'や'もってのほか'，滋賀・三重の'日野菜'などを挙げることができる．

(3) 地域の特産品として高度に商品化した地方野菜

漬物で有名な'守口ダイコン'がその例である．'守口ダイコン'はもともと大阪の野菜であったが，適地が限られるので現在は岐阜県と愛知県の一地域で生産されている．また最近全国的に人気の高い'夕張メロン'や'桜島ダイコン'，'広島菜'，'飛騨赤カブ'，畑のキャビアといわれるホウキギの種子「とんぶり」，芥子漬けで有名な'民田ナス'などを挙げることができる．

(4) 衰退，消滅あるいは復活しつつある特産野菜

このグループの地方野菜が最も多い．このグループには既に消えたもの，栽培が減っているもの，そして復活が図られているものがある．1980年代の飽食の時代に珍しいものが求められ，地方品種も復活の動きがみられ，近年は地域振興の目的で，行政機関，JA，地域の商工業者によって地域野菜の生産と加工製品の販売振興が図られている．

地方野菜の盛衰についてみると，大きく生産上の理由と消費上の理由がある．まず，生産上の理由として，栽培地や栽培者が減少したことが挙げられる．都市近郊では都市の拡大とともに耕地が減少し，農山村では栽培農家が減少している．例えば，東京，大阪，京都の地方野菜はもともとの発祥地が市街化している．他方農村部では狭い地域に限定されている野菜は栽培者が少なくなり，あるいは例えば焼畑で栽培されていたカブは焼畑という栽培地そのものが減っている．特に，地域外では特性を発揮できないとされる野菜では維持するのが難しい．また，収量・品質の優れた品種や病害虫に強い品種に置き換えられていった地方品種も多い．

しかし，多くの場合はその野菜が食生活の変化や世代交代によって支持されなくなったことが決定的な理由であったと思われる．つまり，地方野菜の存続は食生活の中にどの程度生きているかによって決まるように思われる．例えば，ニンジンの'金時ニンジン'やサトイモの'海老芋'は発祥地を離れた地域で栽培され，発祥地の関西の食生活の中で消費されている．また，スグキナや聖護院ダイコンなどの京野菜の産地は市街化によって京都の近郊あるいは近県に移っている．これは，京都の食生活の中に根強い需要があり，全国的に知られた特産物になったために，例え栽培地が変わっても存続している．消失した野菜は需要が弱かったことが決定的な理由と思われる．

近年，地域振興の目的で地域ブランド創出の動きが各地で行われているが，既に述べたように，地方野菜が存続するには石毛のいう「国民料理」の中に入っていくか，あるいは「郷土料理」の中で存続していく必要がある．前者の例として京野菜の1つ，ミズナがある．かつて晩秋から冬の低温に当てて甘味の増した

図Ⅱ-4-1　重さ2kgの大株（左）と市販のサラダ用のミズナ（右）

1kgから4kg以上もの大株を鯨肉と煮るハリハリ鍋といった鍋物や煮物，漬物に用いられていたが，現在のサラダ用に流通している小株のミズナは全く別の野菜というほど違っている（図Ⅱ-4-1）．石毛のいう「国民料理」の1つであるサラダに利用されることによって全国区になったのである．このことは，伝統的な郷土料理の復活や新たな料理の創造による商品化が必要なことを示している．

第5章　食生活の指標：香辛・調味野菜

　日本は西洋料理，中華料理，韓国料理，エスニック料理と世界各地の料理を取り入れてきたが，それぞれの料理に特徴的な新しい香辛・調味野菜が取り入れられるには時間が必要で，例えばニンニクは明治時代から高度経済成長が始まる頃までは西洋料理でも，あるいは中華料理でも用いられる量はごく少なかったが，次第にその香りや味に慣れて嗜好が変化し，本物志向が強くなるにつれて増えていった．その後，ニンニクの他に香りの強いハーブ類やコウサイもイタリア料理，中華料理，エスニック料理が定着し，本物志向が強まるとともに盛んに利用されるようになった．

　「きょうの料理」での1960年代以降の香辛・調味野菜の利用状況を図Ⅱ-5-1，2，3に示した．図Ⅱ-5-1は最も一般的で代表的な香辛・調味野菜で，利用の多いショウガ，トウガラシ，ニンニクの動向を示している．ショウガは江戸時代以来わが国で最も一般的な香辛野菜で，中華料理でも広く用いられるが，日本料理の相対的な減少傾向を反映しているのか1960年代以来一貫して減少している．これに対して，ニンニクは一貫して増加し，近年はショウガと同程度の頻度で利用されている．西洋，中華，韓国，エスニックといった世界各地の料

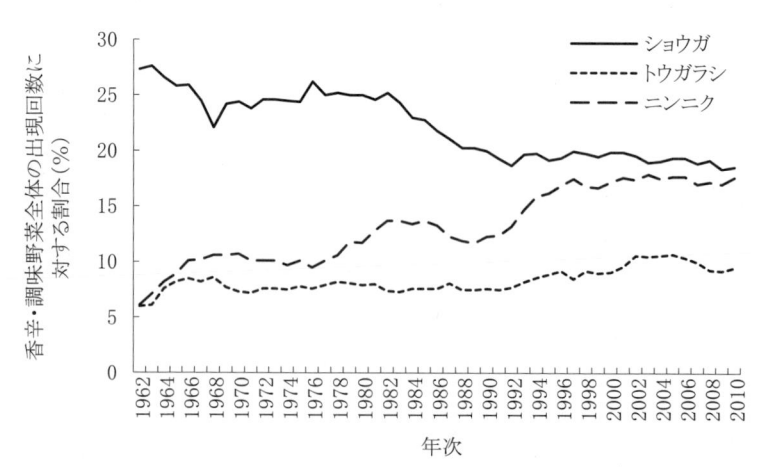

図Ⅱ-5-1　「きょうの料理」におけるショウガ，トウガラシ，ニンニクの出現率の推移（5年間の移動平均）

理に用いられるので，ニンニクの消費量は日本人の食生活が多国籍化していることを示している．トウガラシは中華料理や近年の韓国料理の人気や1980年代後半の激辛ブームを反映して2000年頃まで漸増していた．

図Ⅱ-5-2には西洋料理に特徴的なパセリ，イタリアンパセリ，ハーブ類と中華料理やエスニック料理に特徴的なコウサイの動向を示した．戦前からわが国で西洋料理の妻物の定番になっているパセリは戦後も料理の洋風化に伴って広く用いられたが，1980年代後半から出現率が急減した．ハーブ類は古くから西洋料理に用いられていたが，1960年代以降，着実に利用が増えてきた．また，1980年代に登場したイタリアンパセリはイタリア料理が広がるにつれて増加傾向にある．西洋料理でも本物志向が強まると定番のパセリから多様化していく傾向がみてとれる．また1980年代から登場したコウサイも中華料理が一般化し，各種のエスニック料理が定着するにつれて利用が増えている．香りの強いハーブ類やコウサイは本来日本人にはなじみにくい香辛野菜であったが，嗜好が変化していることを示している．

日本料理の比重が相対的に低くなるにつれて，日本料理に用いられる香辛・調味野菜の出現率は減少傾向にあるが，その中で唯一利用が増えているのがネギである．図Ⅱ-5-3からみると，ネギの香辛・調味野菜としての利用の増加はほとんどが1980年代に登場した細ネギ（小ネギ）によっていることが分かる．

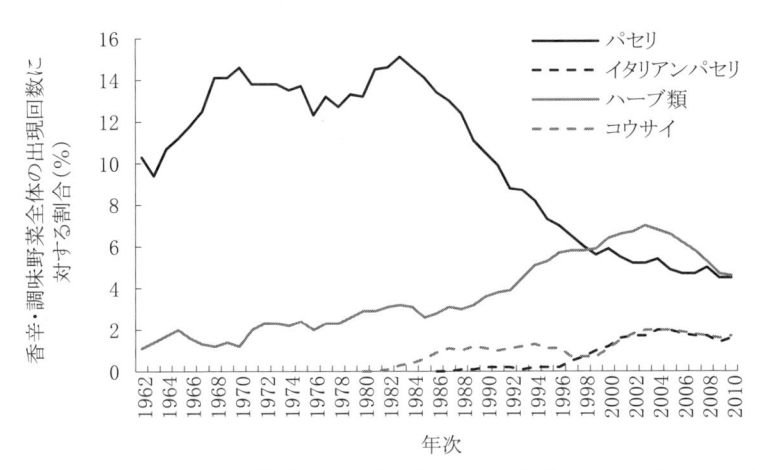

図Ⅱ-5-2 「きょうの料理」におけるパセリ，イタリアンパセリ，ハーブ類，コウサイの出現率の推移（5年間の移動平均）

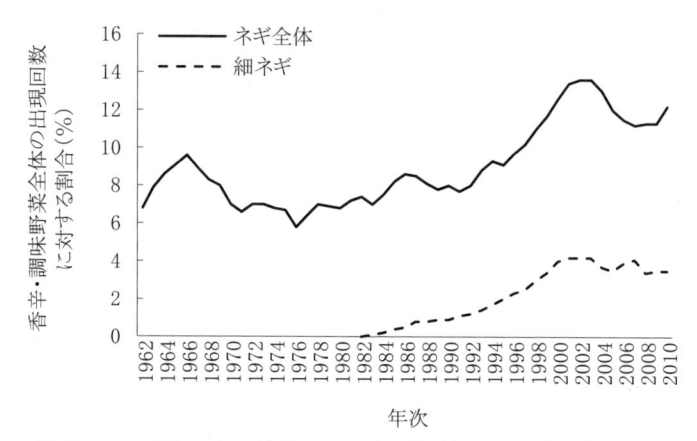

図Ⅱ-5-3　「きょうの料理」におけるネギ類の出現率の推移（5年間の移動平均）

　以上，代表的な香辛・調味野菜の動向をみたが，特にその中で目立つのは，1980年代にショウガやパセリの利用が減少し，ニンニクやハーブ類の利用が増加したことである．また，細ネギ，イタリアンパセリ，コウサイが料理書に登場したのも1980年代であった．世界中に新しい食材や料理を求めたバブル期の「飽食の時代」を象徴しているようにみえる．このように高度経済成長期からおよそ2000年まではそれまでの延長線上で変化してきたので香辛・調味野菜から日本人の嗜好の変化を読み取ることができた．

　ところが，2000年代に入ると今まで減少傾向にあったショウガやパセリも，一貫して増加してきたニンニクやハーブ類も，あるいは1980年代に新登場した細ネギ，コウサイもいずれも変化が少なくなっている．このような香辛・調味野菜の動向は主要野菜で高度経済成長期以降あまり大きな変化がみられなくなったのと同じように，主要な香辛・調味野菜の利用も飽和状態に達しつつあることを示しているのかもしれない．例えば，2010年の「きょうの料理」でのニンニクの出現率は約18%であるのに対し，アメリカの代表的な家庭向けの料理書「Betty Crocker Cook Book」の2010年版では約25%である．「きょうの料理」にはニンニクがほとんど用いられない日本料理が含まれていることを考慮すると，ニンニクの利用が飽和状態に近づいているということも考えられる．

第Ⅱ部　個別の野菜が果たしてきた役割と食生活への適応（各論）

第6章　デザート野菜の発展：メロン，スイカ，イチゴ

　野菜の中の分類では果菜類で，果実的野菜とも呼ばれるが，一般には果物とみなされている．利用上からは嗜好品の1つである．

1. メロン

　中東原産のメロンが東洋で発達して古くにわが国に渡来したのがマクワウリである．弥生時代の遺跡からマクワウリの種子が出土し，逸失して野生化した雑草メロンがわが国の各地に自生している．「万葉集」の山上憶良の歌にあるウリもマクワウリである．明治時代にも中国や韓国から再導入され，戦前まではマクワウリは重要な野菜であった．他方，ヨーロッパで発達した西洋メロンは明治時代に欧米から導入されたが，わが国の高温多湿の気候条件に適さず定着しなかった．明治36-37年ごろから，温室でメロンが栽培されるようになり，1925（大正14）年に甘味の強い‘アールス・フェボリット’がイギリスから導入されて静岡県を中心に栽培されるようになった．このメロンは，主に贈答用などの高級メロンとして生産され，庶民が口にするのはマクワウリであった．1962（昭和37）年にマクワウリと西洋メロンの交配から誕生した‘プリンスメロン’は本格的なメロンに向けての第一歩で，わが国でのメロンの大衆化の始まりであった．その後露地メロン，ハウスメロン，ネット系，ノーネット系といった多様な品種が育成された．また，従来果肉が橙赤色の「赤肉」品種は糖度が低い，カロテン臭があるなどの理由で好まれなかったが，赤肉の‘夕張メロン’に人気が集まり，現在は，白色，クリーム色，白緑色，緑色，緑黄色，橙赤色と多様な肉色の品種が流通している．このようにメロン類のわが国への渡来は早かったが，高度経済成長期に従来のマクワウリから全く別物に変わった．この3種類のデザート野菜の中ではわが国への渡来は最も早いが，現在の大衆化したメロンは最も新しい作物ということもできる．

　温室メロンは高度な栽培技術を駆使して，ネットの張り具合など芸術的ともいえるほど高品質な果実を生産している．しかし，お中元，お歳暮，結婚式，

病気見舞いなどの贈答品や料亭などの業務用として用いられることが多いので，バブル崩壊以後の経済不況の中で，需要が減り，以前ほどの高値は出なくなり，農家は経営的に厳しい状況にある．現在の日本のものづくりの苦境は温室メロンにも現れているようにみえる．

2. スイカ

スイカの渡来時期は16世紀とされているが，江戸時代には品種はあまり発達していない．明治時代に欧米や中国から再導入された．1943（昭和18）年刊行の日本園芸発達史によると1923-25（大正12-14）年に奈良県農事試験場で改良された'大和西瓜'に統一され，同時にスイカの市場価値も上がった．「昭和2年に同じく奈良農試から出された'甘露'と'大和'の一代雑種，'新大和'は市場受けもよく，現代スイカ品種中の花形である．その後奈良では新品種'旭大和'，'クリーム西瓜'が育成され，品種改良上輝かしい業績が残されている．このように華やかな品種改良事業が栽培，市場，消費方面にヒットした例は他に類例がない」と記述されている．スイカはメロンとは異なり，戦前から人気のある大衆的な果物で，2010年の夏の猛暑で消費が増加したように消費には気候が大きく影響する．

3. イチゴ

イチゴは江戸時代の末にわが国に渡来したが，栽培されるようになったのは明治政府が欧米から品種を導入してからである．神田喜四郎は1909（明治42）年刊行の「西洋野菜の作り方と食べ方」の中で，「イチゴは近年，年とともに需要が多くなって，どんな片田舎でも珍重して作るようになったが，今後さらに需要を増して，作り手の増えることは明らかである」と述べている．早くから好まれた果実であったが，広く普及するには品種や栽培技術の進歩を待たなければならなかった．1904年に静岡県の久能地区に石垣栽培が開発され，翌1905年には有名な'福羽'が育成され，わが国独自のユニークな発展を遂げた．しかし，'福羽'や石垣栽培は一部の地域に限られ，大半の地域では海外からの導

入品種が露地で栽培されていたので,収穫期は5,6月の約1ヶ月程度であった.イチゴが広く消費されるようになったのは戦後になってからである.1951（昭和26）年の農業用プラスチックフィルムの実用化によって,施設栽培で促成栽培や半促成栽培の作型が開発された.その当時用いられた品種は'ダナー'や'宝交早生','はるのか'であったが,その後'女峰','とよのか'に替わり,連続的に開花・結実する長期生産技術が確立され,かつては5,6月に出回る初夏の果物であったが,現在は,晩秋から初夏に出回り,冬から春の果物に変わった.

4. デザート野菜の消費動向

このように,わが国に渡来した時期ではメロン（マクワウリ）,スイカ,イチゴの順位であるが,それぞれが異なった歴史をたどった.現在流通している姿になったのは,スイカが最も早く,大正時代から戦前の昭和時代であり,これに次いでイチゴが高度経済成長期に発展し,メロンが最も遅く発展した.このため,「家計調査報告」に載るようなったのはスイカが1962年,イチゴが1965年で,メロンはずっと遅れて1981年である.生鮮果実全体の購入額のうちイチゴが10％,メロン,スイカはそれぞれ4％を占め,これら3種類で合計18％を占めている.

「家計調査報告」での一人当たりの購入量,購入額は1950年代以降いずれも増加したが,スイカは1970年代にピークに達しその後減少している.イチゴの購入量は1970-80年代に最大に達し,その後一定ないし漸減気味である.購入額は2000年頃まで増加していたが,その後は減少気味である.これに対して最も遅く登場したメロンは1980年代に購入量が最大に達し,その後減少している.購入額も1990年以降急激に減少している.1990年代以後は生鮮果物全体の購入量が減少しているが,イチゴは減少の程度が比較的少なく,スイカはほぼ生鮮果実全体と並行して減少し,メロンの落ち込みが激しい（図II-6-1, 2）.

このような生鮮果物の購入額や購入量の落ち込みはどのような理由によるのであろうか.図II-6-3に生鮮果物と同じく嗜好品としての性格をもつ菓子類及び飲料の購入額の変化を全食料費とともに示した.食料費全体が1990年代前半

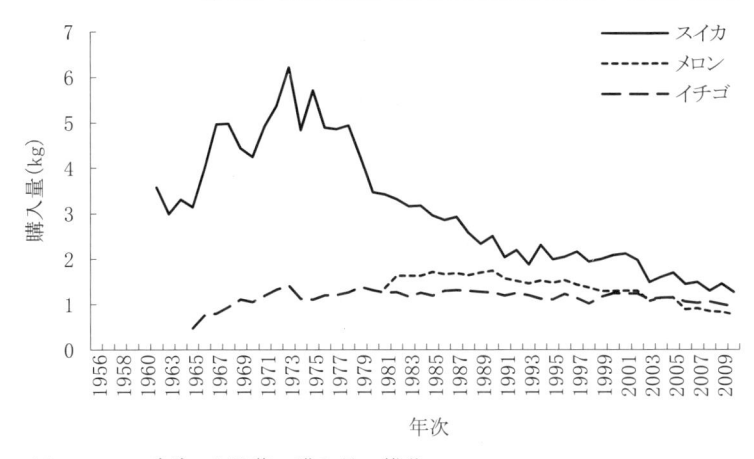

第Ⅱ部　個別の野菜が果たしてきた役割と食生活への適応（各論）　　141

図Ⅱ-6-1　デザート野菜の購入量の推移

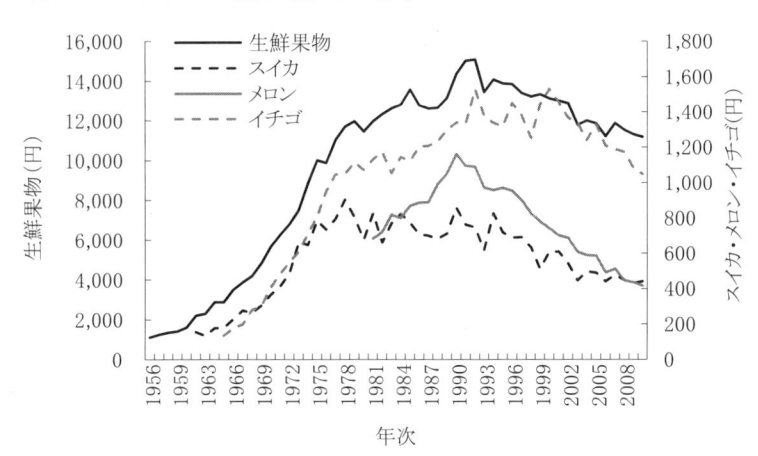

図Ⅱ-6-2　生鮮果物とデザート野菜の購入額の推移

以降は停滞ないしは漸減気味であるが，生鮮果物の購入費の減少は食料費全体より激しい．これに対して菓子類は1990年以降停滞し，飲料はむしろ増加し，生鮮果物とは大きな違いがみられる．大塚（2004）は「家計調査報告」から果実の消費について次のように分析している．単身の34歳以下の層は果物にほとんどお金を使っていないが，飲料や菓子にはかなりの金額をつぎ込んでいることを指摘し，果物を食べない理由として「健康のために食べようとする」意識がないのか，「節約のために切り捨てるべき対象になっている」のか，あるいは「食

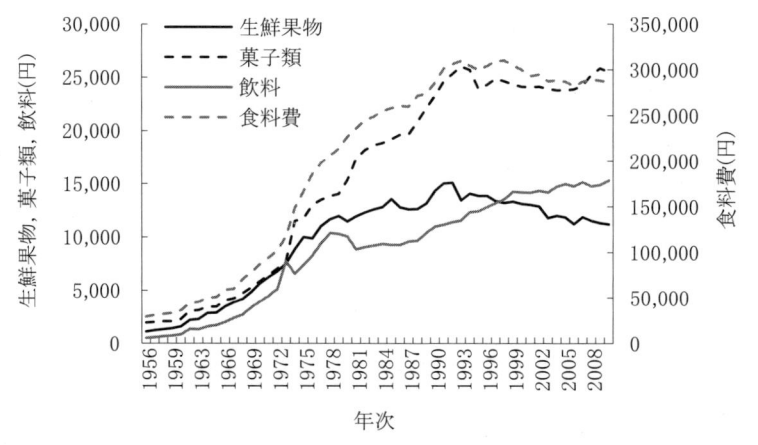

図Ⅱ-6-3　食料費と生鮮果物，菓子類，飲料の購入額の推移

べるのが面倒」というのも有力な理由でないかと考察している．少なくとも，菓子類や飲料は消費者の嗜好の変化を先導しているが，生鮮果物は適応できていない．新たな販売戦略を考えていく必要がある．生鮮果物は外食や中食よりも家庭内での消費の割合が高いと思われ，家庭内での果物の消費を増やすためには食育運動，健康増進機能のPR，サラダ用など新たな需要の開拓が必要と思われる．それとともに，近年ライフスタイルの変化に伴い家庭での食事が少なくなっている中で，外食，中食，菓子類，飲料といった業務・加工への利用を増やすことも生鮮果実の消費拡大に重要と思われる．

第Ⅲ部　まとめ
〜過去から現在，そして未来へ〜

第1章　日本人の感性が創りだした日本の野菜

1. 何が野菜を変えてきたか

　消費，生産，流通・小売，業務・加工の段階で野菜の消費動向に影響すると思われる要因を表Ⅲ-1 のように整理した．歴史的にみると生産，流通・小売，業務・加工の段階の影響が強く現れるようにみえることもあったが，基本的には野菜の消費動向を決定づけているのは野菜を購入して，調理し，消費する段階の要因であった．そして生産，流通・小売，業務・加工段階の要因の影響は消費段階の要因と矛盾しない範囲内に限られていた．いかに収量が多く，あるいはいかに病気に強い品種が開発されても，食味，外観などの品質が消費者や市場に受け入れられなければ，実用化することはない．逆に，多少栽培が難しい品種でも消費者に受け入れられれば実用化する．例えば，完熟トマト用の品種'桃太郎'が当初は生産側から作りにくいといわれながらも，トマト品種の主流を占めるようになったこと，キャベツで葉が柔らかく，サラダなどの生食に適する春系品種は寒玉系より耐寒性が劣るので凍害の危険が大きいにもかかわらず，南関東や東海地方で冬季に栽培されている．キュウリの白いぼやブルームレス，トマトのピンクの果色，青首ダイコンには流通サイドの要因が強く

表Ⅲ-1　野菜の消費に関係する要因

	主な要因	内容
消費	食味・外観	美味しい，美しい，新鮮
	調理適性	料理しやすい，料理への汎用性がある
	健康・安全	栄養が優れる，機能性に優れる，安全で安心
	経済性	価格が安い，無駄が少ない，日持ちする
	新規性	新しい，懐かしい，地域限定
	ファッション性	新しい料理に合う，おしゃれ感覚
	季節性と行事食	旬のもの，行事食に必要
生産	経済性	収量が多い，高値で売れる
	栽培適性	病害虫が少ない，作りやすい，取り扱いが容易
流通・小売	流通適性	取り扱いやすい，日持ちする
	経済性	高値で売れる，需要が多い
業務・加工	調理・加工適性	調理への適性が優れる
	経済性	定時・定量・定質・定価格で収益性が優れる，無駄が少ない

現れているようにみえるが，起源をたどると，その始まりは最終消費者の好みを反映した結果である．業務・加工側から市場流通と異なった規格の野菜が求められ，白首ダイコンや寒玉のキャベツが用いられているのも，製品の価格や品質，調理適性から最終消費者の要求に適応しようとしているからである．しかし，家庭での生食向きの要因が業務・加工用向きの要因よりも優先されたように，一部の要求が強く現れたり，規格が過度に細分化されたように，生産から，流通，業務・加工，小売の段階を経て消費に至るまでの間にギャップが生じ，食味や鮮度，調理適性など消費段階の要求とは直接関係しない形質が重視されるといった矛盾も一部に生じている．

また，鮮度，価格，栄養価，安全性，食味といった要因は時代を通じて共通して求められるが，時代によって重点は変化してきた．高度経済成長期は野菜の価格が最大の問題であったが，安定成長期に入ると鮮度，品質，栄養価が重視されるようになり，バブル期にかけて珍しさやファッション性，簡便性，食味といった要因が重視された．バブル崩壊後は経済が低迷する中で，再び低価格志向が強まるとともに，高齢化や健康志向の中で，生理機能性を中心とする品質に関心が集まり，安全性が強く求められるようになっている．

2. 食生活に変化によって形成された日本の野菜の特徴

このような消費段階の要求に生産から流通，業務・加工，小売りまでの全ての段階で適応しようとしてきた．その結果次のような特徴的な日本の野菜が形成された．

(1) 見た目の美しさ

外国のスーパーに並んでいる野菜と比べると多くの人が日本の野菜は色，形が揃っていて美しいと感じると思う．大量流通・大量消費の時代にあってはどこの国でもある程度は品種を統一し，規格に従って選別して揃ったものを流通させて効率化する必要がある．しかし，それでも日本の野菜は特に整一に揃っていて美しいと感じる．ここには見た目の美しさを重視する日本料理の特徴が現れている．また，一部の外観や鮮度に関する品質要素は食味の指標とも一致するので，おいしさとも一致している．

(2) 野菜のおいしさへのこだわり

　野菜そのもののおいしさが強く求められるのが日本の特徴の1つである．味付けを薄くし，香辛料が少なく，素材の味を生かすという日本料理の特徴がここにも現れている．戦後の食生活の欧米化の中でも野菜を生で食べるサラダが代表的な西洋料理として人気を集め，野菜の生食志向が強まったことによって食味と外観が一層重視されるようになった．反面，糖度10度以上の高糖度トマトが人気を集め，高値で販売されたり，キャベツやニンジン，ホウレンソウの糖度が話題になるなど世界的にみると非常に特異な現象も生じている．

(3) 周年消費と季節性の重視

　季節性は気候風土から生じた日本人の感性である．前述したように江戸時代から「旬」を尊び，旬を先どりする野菜の早出しが盛んに行われた．施設栽培はこの早出しによる高値販売を目指して始まったが，生産が周年化するにつれて「野菜の季節性が失われ，旬がなくなった」という声が聞かれる．しかし，「家計調査報告」が示しているようにほとんどの野菜で年間の購入量の変動係数が一定の値に達し，現在周年化の進行はほぼ終わりつつあるように思われる．料理書で新タマネギ，新ジャガなどの季節性が強調され，季節の行事食が掲載され，スーパーや流通業界で「鍋物商材」，「サラダ商材」など季節性を意識して販売されているように，野菜の季節性は日本人の意識にこれからも残っていくようにみえる．

(4) 日本人の外国料理への受容能力の高さに基づく多様な野菜

　日本は生産・消費されている野菜の種類が多い．日本原産の野菜はごく少ないが，有史以前から外国文化を取り入れてきた中で，野菜も世界中から導入し，日本の風土に馴化させ，利用してきた．その結果，多様な野菜が流通している．日本は，外国からの料理を受け入れ，日本風にアレンジする受容能力が高いとされている．このため日本に新しく入ってきた野菜はこうした食生活の変化の中で生かされてきた．新しい料理を一度受け入れて，日本風にアレンジした後，再び本場の料理を取り入れる「カレーライスの法則」が指摘されているが，このような本物志向の中でさらに野菜が多様化してきた．

　見た目の美しさ，野菜そのもののおいしさへのこだわり，旬や季節性の重視，料理の受容能力の高さに基づく多様な野菜といった基本的な特徴は日本人の感

性と深く結び付いており，日本の野菜には日本人の感性が凝縮している．そして，このような日本の野菜の特徴は，篤農家に象徴される農家の高い技術力に負っており，野菜も日本の物づくりの1つである．このこだわりが野菜の生産と販売において今後とも重要でないかと思う．

　反面，このような日本の野菜の特徴は，多くが高度経済成長期以降の産地間競争の中で形成されたものであり，一部過剰に過ぎるという弊害もある．また，見た目，食味の過剰な重視は，栽培管理，収穫調製，病害虫防除に多大の労力や資材を要し，生産農家に過剰な負担を強いることになる．さらに，温暖多雨な日本の気候風土では，土壌から肥料成分が流亡しやすく，病害虫や雑草が発生しやすいので農薬，化学肥料の使用が多くなり，野菜の安全性や環境への負荷が危惧されることがある．そして，高度経済成長期以後にニンニクやハーブ類のように香りの強い香辛料の利用が飛躍的に増え，赤，黄，橙，紫の濃い果色のパプリカが受け入れられ，赤肉の夕張メロンに人気が集まるなど，日本人の嗜好が変化してきたことや価格高騰時には低価格で規格外の不揃いな野菜が歓迎されることを考えると，トマトのピンクの果色，青首ダイコン，キュウリの白いぼやブルームレス，あるいはあまりにも細分化された厳密な規格などは野菜本来の役割である栄養価や日持ち，食味，調理適性などと関係が薄く，合理性を欠く部分は今後見直される可能性があるし，積極的に合理化することも必要と考える．

第2章　これからの野菜

1. これからの消費動向

　戸田（1989）が述べているように，日本の農家は「零細な規模の耕地を最大限に活用して，土地当たりの収益性を追求しているため，同じ野菜で，単価の安いものを大量に生産する方向は，選択できなかった」．このため激しい産地間競争の中で，早出しや高品質化などによって差別化して高価格を実現しようとしてきた．このような生産の方向は経済が右肩上がりの高度経済成長期からバブル期にはある程度有効で，野菜産業も発展し，生産農家も経営を維持することができていた．しかしながら，バブル崩壊後の経済の低迷や低価格志向，野菜消費の低迷，輸入の増加などの情勢のもとで経営を維持するのが難しく，これまでの経営や市場中心の販売戦略と消費動向や経済情勢との間の矛盾が拡大している．矛盾の1つはしばしば指摘されているように，従来の販売が家庭消費中心の青果市場対応が優先され，業務・加工への対応が遅れ，中国産を中心とした輸入の増加の一因となったことである．すなわち食の外部化という食生活の変化への対応が遅れたことである．

　野菜の動向を考える上でこれからの食生活の動きを見通し，新しい時代に適応した戦略が必要になる．近年の経済情勢や食生活の動向から，筆者は次のような事項を考慮することが必要と考える．量的に需要を満たす必要があった高度経済成長期，高品質を求めた安定成長期，珍しさやファッション性を求めた享楽型のバブルの時代には人々の消費行動は比較的揃っていた．しかし，もはや1つの方向性のみでは対応するのが難しい時代になったと考える．環境問題，フードマイレージ，地産・地消，スローフード，健康志向，簡便性，ファッション性，低価格志向など食生活の動向を示す方向は多様である．人々の志向はマクロには性別・年齢・所得・職業・家族構成などの人口統計学的な属性によって異なるとされている．例えば，NHK放送文化研究所（2006）の調査によると，食事の素材へのこだわりについて，女性は新鮮で安全という健康を考えた食品を選ぶ傾向が強い．年齢別には新鮮なことは男女とも高年層で高く，価格

が安いことは若年層で高い．味の良いことは中年の男性層で特に高い．若年層の志向について，一般に経済的に余裕のない状態の人が多いこと，ある程度余裕があっても料理より他のレジャーや友人との付き合いなどにお金をかけるのではないかと考察している．

　しかし，ミクロにみると，一人一人の志向はTPOによっても異なると思われる．時と場所，場合によってこだわりの高級品を求める場合もあれば，価格にこだわる場合もあり，健康にこだわる場合，エコにこだわる場合，簡便性を中心に選択する場合もあるだろう．このような消費志向の多様化はこれからも進むと思われる．これに対して今まで野菜は市場を通した流通が主流であったが，次第に業務・加工向けの契約栽培や直接取引，ネット販売，宅配，直売所や都市のマルシェ，スーパーの直売コーナーなど流通経路も多様化している．今後は，ターゲットにする消費者層や流通経路に対応して，価格，鮮度，食味，栄養・機能性，地産・地消，料理への適性，加工など何らかの特徴を訴えることが必要で，それに適応するよう野菜の種類，品種，作型，病害虫防除，施肥などの生産戦略を選択することが重要と思われる．現在，農業の発展方向として6次産業化が叫ばれているが，野菜はこの6次産業化に有効な材料の1つである．特に東日本大震災とその後の経済不況，円高の時代に入って一層の低価格志向が強まり，価格に見合う価値が厳しく求められている．求められる価値はあまり下がらないが，安いものは海外から入ってきて価格は下がっていく時代である．

2．国際化の中の日本野菜　〜ガラパゴス化か，世界標準か〜

　1985年のプラザ合意以降円高により野菜の輸入量が増えてきたが，特にバブル崩壊以降は低価格志向の中で，業務・加工用を中心に野菜の輸入量が増え，現在野菜の自給率は80％強までに下がっている．以前は，日持ちが短く，輸送に適さなかった生鮮野菜は世界市場から孤立して日本国内中心に考えていればよかったが，鮮度保持技術の進歩と経済のグローバル化の中で野菜の流通も国際化しつつある．東アジアもEU諸国のように野菜の流通が国際化するのか見通せないが，TPP（環太平洋戦略的経済連携協定）やFTA（自由貿易協定）の

ように経済の国際化はこれからも進むと思われる．これからは国際的な視点で日本の野菜を考えることがますます必要になっている．2004-2008 年には年平均 300 万 t 前後の野菜が輸入されているが，これらはあくまで日本向けに日本の基準に合わせて生産・調製・加工された野菜であって，生産地は外国でも中身は国産野菜ということもできる．他方，最近は野菜の輸出も考慮されつつある．はたして日本の野菜は世界に通用するのだろうか．あるいは逆に現在の低価格志向の中で，将来輸入野菜に押されて日本の野菜はその特徴を失ってしまうのだろうか．

　野菜の貿易には経済情勢や為替レートや作柄などが大きく影響する．わが国の野菜の輸入量は景気，円の価格，国内の生産状況によって年により変動してきた．したがって，今後，海外諸国と競争して野菜を輸出して農家の経営を発展させるには他の追随をゆるさないような製品の開発が必要である．そして，前述したように日本の野菜の特性の多くは日本人の感性と文化的背景に基づいて発達してきたので，この特性を伸ばしていくことが重要と考える．同時に日本の野菜が海外で評価されるためには，日本文化，食文化の評価を高めることが必要と思う．例えば，近年世界中で日本料理の人気が高まり，すし，ラーメン等の日本料理が国際化しつつある．NHK の海外放送では各種の日本料理のレシピが紹介されている．

3．食生活の変化と野菜～野菜を健全な食生活に位置づけるために～

　大正末から昭和初めの日本全国の食生活を記録した「日本の食生活全集」では，当時の大都市の東京，大阪の富裕層や外国文化の窓口であった横浜，神戸を除いて，伝統的な日本料理が中心で，その多くは今日の郷土料理であった．昭和時代に入って次第に西洋料理や中華料理が一般家庭に普及し，特に 1950 年代以降の変化については，日本人ほど急激な食生活の変化を遂げた国民はないといわれる．肉や油脂の消費が増え，洋風や中華風の料理が日常の食卓に並ぶことが普通になった．しかし，石毛（2009）は「これは日本人の食事が急激に洋風化した，中華化したというよりは，洋食や中華料理が日本化したという現象としてとらえた方がよい．日本人の伝統的食事に欠けていた食品，料理法をたく

さん取り入れた」とみている．そして，石毛によると現代の家庭で作られる料理の多くは，外来の料理も含めて日本中に共通する料理で，これを「国民料理」と呼んでいる．この「国民料理」の普及には「食料，食品が地方的な流通から全国を覆う流通機構に変化したことなど社会経済的要因が影響しているが，放送媒体，印刷媒体の関与する面が大きい」と述べている．

このような「国民料理」から昭和50年代に実現していた食生活は，「日本型食生活」と呼ばれ，日本の気候風土に適した米と多様な農産物，畜産物，水産物を用いた副食から構成され，PFCバランス（タンパク質，脂肪，炭水化物の割合）など栄養的に優れているとされている．しかし，食生活の欧米化はその後さらに進み，高脂肪・高コレステロール・高エネルギー状態になり，日本人の健康を脅かしている．また若年層を中心として食生活の乱れが目立っている．家庭での食事の取り方も大きく変わって来た．家庭から食が外部化して外食や中食の比重が増え，家庭内で料理して，家族がともに食事することが少なくなった．その結果として生じた近年の食生活の変化を，NHK放送文化研究所(2006)は，豊食の中の崩食（欠食），飽食の中の放食，趣食と守食，崩食と放食の連鎖，共食と孤食をキーワードに食生活の実態を表現している．食生活の見直しが必要になっている．

4. 野菜消費の減少について考える

わが国の野菜が抱える現在の最大の課題は，生産においては野菜農家の高齢化と担い手不足による生産基盤の弱体化であり，消費においては日本人の野菜の消費量の減少である．いずれも経済の安定成長期以降から長期間にわたって続いてきた課題である．アメリカでは1991年から始まった5 A DAY（ファイブ・ア・デイ）運動で野菜・果物の摂取量の目安を示した健康増進運動を展開し，野菜の消費量を増やしている．ところが日本では1970年代の初め以来40年以上にわたって減り続けている．近年の日本人の1日当たりの摂取量は295gで，厚生労働省は「健康日本21」の中で望ましい野菜の摂取量を1日350g以上とし，野菜の摂取量を増やすことを推奨している．2005年には食育基本法が制定され，食生活改善のための各種の活動が行われているが，その効果はまだ

現れていないようにみえる．また，高齢化が進み，生活習慣病が心配され，健康志向が強くなり，野菜の生理機能性や健康への効果が関心を集めているにもかかわらず消費が減り続けている．菜食主義は日本人の食生活の特徴で日本は最も野菜の消費量が多い国の1つであったが，今や昔話になりつつある．

野菜の消費が日本でなぜ減り続けているのか，その原因は必ずしもはっきりしていない．よく指摘されるのはライフスタイルが変化して家庭内の調理の機会が少なくなり，食の外部化が進んだことである．そして女性の社会進出も影響して家庭で調理することが少なくなったことも指摘されてきた．また食生活の洋風化によって重量野菜の消費が減少したともいわれている．しかしながら，女性の社会進出や食の外部化のような変化は別に日本だけでなく，世界的に共通した現象である．にもかかわらず，世界の多くの国で野菜の消費が増えている．例えば，表Ⅲ-2に示すように1980年台前半以降に多くの国で野菜の消費量が増加している．しかも多くの国では日本よりも果実の消費量が多い．特に欧米諸国では例え野菜の消費量が日本より少ない国でも，果実の消費量は日本の2倍以上である．

それではわが国に特徴的な原因はなにか．筆者は町中いたるところにコンビニエンスストアやファーストフードの店があり，街頭には自動販売機があふれ，

表Ⅲ-2 国別の野菜の消費量の変化（FAOSTATより，kg/人/年）

1961-65		1981-85		2003-2007	
スペイン	157.8	韓国	192.0	中国	272.9
トルコ	148.6	トルコ	181.3	トルコ	231.0
フランス	146.9	イタリア	171.3	韓国	218.3
イタリア	140.6	スペイン	166.6	イタリア	172.3
日本	111.4	日本	121.3	スペイン	155.8
アメリカ	92.1	フランス	115.9	アメリカ	122.6
カナダ	80.8	カナダ	109.4	カナダ	121.5
韓国	77.2	アメリカ	108.9	日本	106.6
旧ソ連	77.0	旧ソ連	101.9	ロシア	105.6
オランダ	76.5	イギリス	81.8	フランス	104.4
中国	66.2	オランダ	75.1	オーストラリア	97.6
イギリス	64.2	オーストラリア	73.3	イギリス	93.1
オーストラリア	61.0	ドイツ	73.1	オランダ	91.3
ドイツ	50.7	中国	68.0	ドイツ	91.2
ベトナム	46.6	インド	50.2	ベトナム	83.9
タイ	43.1	タイ	46.6	インド	61.8
インド	38.5	ベトナム	43.7	タイ	40.7

各種のファーストフードや持ち帰り弁当，レトルト食品，カップ麺などの食べ物や各種の飲料が手軽に手に入る便利さも関係しているのではないかと思う．大塚（2004）はコンビニエンスストアに象徴される社会（コンビニ社会：利便性に高い優先順位が与えられる社会）の特徴を次のように述べている．「便利さがその特徴であるが，忙しい社会でもあり，手軽さが重要で，煩わしいものは敬遠される．食事についても調理は減少し，暮らしの中での食事の位置は低下していく．食品関連企業もそれに応えて手軽に食べられる商品やサービスを提供するのでますますお手軽化が進んでいく．そして手軽に栄養を摂取し，健康を維持するための健康食品やサプリメントが究極の姿で，料理や献立で悩むことはなく，手軽に食べて健康食品をとればよい」と．こういった視点から見ると，メディアが特定の食品の生理機能性を取り上げると一時的に話題になり，売り上げが増えるが，これも手軽に健康に役立つ食品や成分を摂取する手段の1つであり，野菜ジュースの消費が増えているのも同様にお手軽化の現れと解釈できる．さらに，大塚は，「ある程度の量が食べられるようになると質的な贅沢化に素早く力点を移し，より高級で高価な食材への切り替えをどんどん進めていった．これが日本における食の贅沢化の際立った特徴である」と述べている．最近の野菜消費の減少には不況による節約ムードも影響しているようにみえるが，日本人の野菜の消費にもこのような特徴が現れているのかもしれない．

このようにして考えてみると，野菜の消費には，何のために食事を摂るか，何を重視して選ぶかという人それぞれの価値観が大きく関わっていることになる．

おわりに

　食生活の中の野菜を考えるようになった原点は，昭和50年代後半にさかのぼります．当時，生産者ニーズだけでなく，消費者ニーズを意識した研究が強調されるようになりました．「消費者ニーズをどうとらえればよいか」と考え，食生活の中での野菜の役割を考えてみてはと思いました．料理から野菜をみることによって作物，あるいは植物としての野菜ではなくて，食べ物としての野菜をより深く理解できるのではないかと考えました．本書は必ずしもその目的にかなうものにはなっていませんが，今後の野菜を考える上でいささかでも参考になれば幸いです．

　本書をまとめる中で，世界的にみて野菜と料理との関係をこのように論議できるのは日本だけではないかと思いました．素材の味を活かすことを調理技術の中心に据えている日本では食品の食味や外観を最大限重視することになるからです．味付けを中心においている欧米や中国などでは生の野菜の味や外観が日本ほどには問題にならないのではないでしょうか．また，世界中の料理を取り込んできた結果，日本ではそれぞれの料理に適する食材を選択することも必要で，このような感覚は日本で日本人が作る西洋料理や中華料理にも生きているようにみえます．そしてこれまで野菜について述べてきましたが，野菜にみた特徴は日本の農産物全体に共通した特徴だと思います．この風土と感性から生まれた日本の農産物を大切にしていきたいと思います．

　近年，癌，高血圧，糖尿病，心臓病などの成人病の抑制に効果がある生理機能性が注目され，野菜もたびたび話題になります．しかし，種類が多く，料理における役割も多様な野菜は，個々の野菜の生理機能性だけでなくて，野菜全体の食生活における位置付けと役割，栄養や品質，生理機能性を総合的な視点でとらえることが重要と考えます．例えば，マスコミは「新しさ・話題性」を優先して生理機能性を取り上げますが，食品には栄養機能である一次機能，おいしさを感じさせる二次機能，そして三次機能として生理機能性があり，そのうち最も重要なのは一次機能で，食品のこれらの機能を理解して，バランスよく適量の食事に心がけることが重要とされています（佐藤 2003）．また，炭水

化物より先に野菜を噛んでゆっくり時間をかけて食べることが血糖値を下げるのに有効とされ，よく噛むことによって満腹感が出て，ダイエットになるともいわれています(梶山・今井 2011)．やはり野菜は栄養機能を重視して，噛んで食べる方が健康的なようです．

　最後に，本書の執筆に当たって，数多くの方々から野菜や食生活・食文化，調理に関する貴重な情報を頂きました．ここに厚く御礼申し上げます．また，食生活や食文化関係の書籍，資料や料理書の調査に当たっては国立国会図書館関西分館，岐阜女子大学図書館，三重中京大学図書館，財団法人味の素食の文化センターをはじめ多く図書館に閲覧の便宜を図って頂きました．記して深謝申し上げる次第です．なお，本書は雑誌「農業および園芸」の86巻10号から87巻11号までの14回にわたって連載した記事を取りまとめたものですが，連載から本書の取りまとめまでの間お世話になりました（株）養賢堂の小島英紀氏を始め皆様に厚くお礼申し上げます．

著　者

参考文献

第 I 部

野菜関係

1. 青葉　高（1982），日本の野菜，果菜類・ネギ類．八坂書房．
2. 青葉　高（1983），日本の野菜，葉菜類・根菜類．八坂書房．
3. 青葉　高（1991），野菜の日本史．八坂書房．
4. 大日本農会（1993），臨時増刊号　戦後における野菜の周年生産と関連技術の展開．農業．1315．
5. 福羽逸人（1892），蔬菜栽培法．博文堂．
6. 川村秀雄（1929），奥さん園芸　上手な野菜の作り方とおいしい食べ方．二松堂書店．
7. 小柳輝一（1971），日本人の食生活　飢餓と豊饒の変遷史．野菜．pp.112-186．柴田書店
8. 熊沢三郎（1956），綜合蔬菜園芸各論．養賢堂．
9. 中尾佐助（1976），栽培植物の世界．自然選書．中央公論社．
10. 日本ベジタブル&フルーツマイスター協会（2003），野菜のソムリエ．小学館．
11. 日本園芸中央会編（1943），日本園芸発達史．朝倉書店．
12. 日本農業研究所（1970），戦後農業技術発達史　野菜・花卉編．
13. 大場秀章（2004），サラダ野菜の植物史．新潮社．
14. 清水　茂監修（1977），野菜園芸大事典．養賢堂．
15. 清水隆房（1983），青果物の需給と価格．小島道也・伊東　正編著，食べ物の科学．穀物・野菜・果物．pp.191-213．NHK ブックス 445．日本放送出版協会．
16. 相馬　暁（1996），野菜学入門．三一書房．
17. 杉山直儀（1995），江戸時代の野菜の品種．養賢堂．
18. 杉山直儀（1998），江戸時代の野菜の栽培と利用．養賢堂．
19. 山川邦夫（2003），野菜の生態と作型．農文協．

食生活関係

1. 朝倉敏夫（1994），日本の焼き肉，韓国の刺身．農文協．
2. 江原絢子・東四柳祥子（2008），近代料理書の世界．ドメス出版．
3. 石毛直道（1982），食事の文明論．中公新書640．中央公論社．
4. 石毛直道（2009），石毛直道　食の文化を語る．ドメス出版．
5. 神崎宣武（2010），「旬」の日本文化．角川学芸出版．
6. 小菅桂子（1997），近代日本食文化年表．雄山閣．
7. 中尾佐助（1973），料理の起源．NHKブックス173．日本放送協会．
8. 農文協編，日本の食生活全集．全50巻．農文協．
9. 大塚　茂（2004），食ビジネスの展開と食生活の変貌．大塚　茂・松原豊彦編，現代の食とアグリビジネス．pp.3-27．有斐閣．
10. 西東秋男編（2012），平成食文化史年表．筑波書店．
11. 橘木俊詔（2004），家計からみる日本経済．岩波新書．岩波書店．
12. 辻井　喬・上野千鶴子（2008），ポスト消費社会のゆくえ．文春新書．文藝春秋社．
13. 渡辺善次郎（1988），巨大都市江戸が和食をつくった．農文協．
14. 和辻哲郎（1943），風土．岩波文庫．岩波書店．
15. 柳田国男（2001），明治大正史　世相篇．中央公論社．

第Ⅱ部

1. 青葉　高（1982），日本の野菜　果菜類・ネギ類．八坂書房．
2. 青葉　高（1983），日本の野菜　葉菜類・根菜類．八坂書房．
3. 藤島廣二・小林茂典（2008），業務・加工用野菜－売れる品質・規格と産地事例－．農文協．
4. 福羽逸人（1892），蔬菜栽培法．博文堂．
5. 板木利隆（2001），ぜひ知っておきたい　昔の野菜　今の野菜．幸書房．
6. 神田喜四郎（1909），西洋野菜の作り方と食べ方．日本園芸研究会．
7. 川城英夫（2001），ダイコン．新野菜つくりの実際　根茎菜．農文協．
8. 茅原　紘・片岡芙佐子（2003），スプラウトレシピ　発芽を食べる育てる．創森社．

9. 喜田茂一郎（1924），趣味と実用　蔬菜の研究．西ヶ原叢書刊行会．
10. 小林茂典（2006），野菜の用途別需要の動向と国内産地の対応課題．農林水産政策研究．11. 1-27.
11. 熊沢三郎（1956），綜合蔬菜園芸各論．養賢堂．
12. 万年青主人（1924），西洋野菜の作り方と其調理法．三秀舎．
13. 松原茂樹編（1951），蔬菜園芸ハンドブック上巻．産業図書．
14. 日本園芸中央会編（1943），日本園芸発達史．朝倉書店．
15. 農林水産省食品流通局（1983），新野菜　名称の統一．25p.
16. ペール　マルセン・ギッタ　マルセン・山梨幹子（1981），もやしの本．文化出版局．
17. 島地　潔（1914），蕃茄栽培調理法．有隣堂書店．
18. 下川義治（1925），下川蔬菜園芸　上巻　成美堂．
19. 篠原捨喜（1951），蔬菜園芸図編．養賢堂．
20. 杉山直儀（1995），江戸時代の野菜の品種．養賢堂．
21. 杉山直儀（1998），江戸時代の野菜の栽培と利用．養賢堂．
22. タキイ種苗出版部（2002），都道府県別地方野菜大全．農文協．
23. 田村　茂（1963），増益経営洋菜類栽培法．養賢堂．

第Ⅲ部・おわりに

1. 石毛直道（2009），石毛直道　食の文化を語る．ドメス出版．
2. 梶山静夫・今井佐恵子（2011），糖尿病がよくなる！食べる順番．新星出版社．
3. NHK 放送文化研究所世論調査部編（2006），崩食と放食　NHK 日本人の食生活調査から．日本放送出版協会．
4. 大塚　茂（2004），食ビジネスの展開と食生活の変貌．大塚　茂・松原豊彦編，現代の食とアグリビジネス．pp.3-27．有斐閣．
5. 佐藤達夫（2003），野菜と生活習慣病．岩波アクティブ新書84，岩波書店．
6. 戸田博愛（1989），野菜の経済学．農林統計協会．

調査した料理書と資料

江戸時代

吉井始子編（1978），翻刻　江戸時代料理本集成．臨川書店．より

17世紀
　1. 料理物語（1644）．
　2. 料理献立集目録（1672）．
　3. 合類日用料理抄（1689）．
　4. 茶湯献立指南（1697）．
　5. 和漢精進新料理抄（1698）．

18世紀
　1. 当用節用料理大全（1715）．
　2. 料理綱目調味抄（1730）．
　3. 歌仙の組み糸（1748）．
　4. 献立筌（1760）．
　5. 料理伊呂波庖丁（1774）．
　6. 新撰献立部類集（1776）．
　7. 会席料理帳（1785）．

19世紀
　1. 新撰庖丁梯（1803）．
　2. 料理簡便集（1806）．
　3. 会席料理細工庖丁（1806）．
　4. 四季献立集（1836）．
　5. 江戸流行料理通（1822-1845）．
　6. 年中番菜録（1849）．
　7. 精進魚類四季献立会席料理秘嚢抄全（1863）．

明治・大正時代
　1. 仮名垣魯文（1872），西洋料理通．万笈閣．
　2. 敬学堂主人（1872），西洋料理指南　上下．雁金屋清吉．

3. 望月　誠（1880），手軽西洋料理法．うさぎ屋誠．
4. 大橋又二郎（1895），実用料理法．博文館．
5. 大村忠二郎（1902），実用料理教本．成美堂．
6. 坂本隆哉（1904），衛生食物調理法．博文館．
7. 松田政一郎（1904），西洋料理二百種．青木嵩山堂．
8. 奥村繁次郎（1905），家庭和洋料理法．大学館．
9. 嘉悦孝子（1907），惣菜料理のおけいこ．宝永館．
10. 柴田波三郎・津川千代子（1909），日本の家庭に応用したる支那料理法．日本家庭研究会．
11. 中川愛氷（1910），四季の台所．女子新聞．
12. 割烹研究会（1913），最新和洋料理．中川明善堂．
13. 武藤じつ（1917），実用割烹教科書．啓成社．
14. 清水福太郎（1920），割烹実習の栞合本．東京割烹研究会．
15. 一戸伊勢子（1923），栄養料理法．アルス．
16. 手塚敏子（1924），四季それぞれ今日のお惣菜．善文社．
17. 寺島以登代（1924），基本と応用割烹教科書．元元堂書房．

昭和時代－高度経済成長期以前

1. 日本放送協会（1927），ラヂオ放送　四季の料理．日本ラヂオ協会．
2. 服部文貴堂（1928），すぐ役に立つ四季の家庭料理．服部文貴堂．
3. 主婦の友社（1928），一年中朝昼晩　お惣菜料理法．主婦の友社．
5. 鶴岡新太郎（1930），現代料理教本．東京開成館．
6. 中原イネ（1930），最新割烹指導方案．文光社．
7. 堀　七蔵・中島千代子（1935），割烹実習指導．中文館藏版．
8. 日本女子大学校家政学部（1938），戦時家庭経済料理．桜楓会出版部．
9. 国民高等学校（1941），食物指針，調理篇．国民高等学校．
10. 主婦の友社（1943），続主婦の友花嫁講座　健康料理．主婦の友社．
11. 酒井章平（1943），農村と栄養料理．国民高等学校．
12. 渡辺甲子（1947），女学生の料理実習　新料理八拾種指導．農耕文化社．
13. 北川敬三（1947），野菜を主とした西洋料理二百種．ハンドブック社．

14. 高橋虎松（1948），日本料理の作り方二百七十種．ハンドブック社．
15. 関　操子（1948），献立式家庭洋食の作り方．主婦之友社．
16. 熊田ムメ（1948），料理の本質と作り方．清水書房．
17. 小田静枝（1949），栄養料理辞典．誠文堂新光社．
18. 主婦の友社（1949），家庭料理，家庭講座第1輯．主婦之友社．
19. 大西セチ・金子きよ（1951），四季の日本料理．光生館．
20. 小林　完（1951），日本料理独習書．主婦之友社．
21. 藤田富貴（1951），西洋料理独習書．主婦之友社．
22. 読売新聞（1955），献立365日．読売新聞社．
23. 吉村ミカ・小川安子（1956），中国料理．光生館．
24. NHK（1956），毎日の食卓．日本放送協会．
25. 赤堀全子（1957），春夏秋冬家庭料理．柴田書店．

高度経済成長期から現在まで
1. NHK　きょうの料理，1958-2010．

野菜の料理法
1. 神田喜四郎（1909），西洋野菜の作り方と食べ方．日本園芸研究会．
2. 石井泰次郎（1906），野菜料理．大倉書店．
3. 島地　潔（1914），蕃茄栽培調理法．有隣堂書店．
4. 山本久助（1917），各種野菜料理法．日本種苗株式会社出版部．
5. 万年青主人（1924），西洋野菜の作り方と其調理法．三秀舎．
6. 糧友会（1929），国民食改善とトマト．附トマトの栽培法と調理法．

サラダに関する料理書
1. 集英社（1997），nonno　野菜基本大百科．集英社．
2. 小学館（1998），美味極上　おかず館．小学館．
3. 祐成二葉（1998），おかず感覚がうれしい！ごちそうサラダ．グラフ社．
4. 辻　勲・佐川　進（1999），毎日のおかずサラダ．ジャパンクッキングセンター．
5. 西川　治（2000），こんなにおいしいサラダ．文化出版局．
6. 小田真規子（2003），　3ステップで作れる！ごちそうサラダ，ひと皿

で大満足の簡単サラダ．永岡書店．
 7. 真野智恵美（2003），あったかサラダおかず．講談社．
 8. 渡部和泉（2008），野菜がおいしいサラダ300．主婦の友社．

家計関係

 1. 家計調査報告，1956-2010，総務省．

索引

あ行

愛知白菜：95
青首ダイコン：5，77
青トウガラシ：115
赤色系：109
赤タマネギ：102
赤茄子：105
赤肉：138
アスパラガス：123
甘トウガラシ：115
甘味種：102
雨よけ栽培：20
アールス・フェボリット：138
安定成長期：17，25，41，54
イタリア料理：41
イタリアンパセリ：135
イチゴ：139
美しさ：145
エスニック料理：4，41，128，134
江戸時代：9，24
エンダイブ：127
おいしさ：146

か行

カイワレ：76，128
外食：18，50，130
価格：16，19，61
価格弾性値：17

核家族：24
家計：50，60
家計調査報告：50，60
かて（糧）飯：2，76
カブ：90
辛味種：102
カリフラワー：121
カレーライスの法則：5，68，112，
　　126，146
韓国料理：4，128，134
完熟：110
寒玉系：100
簡便性：148
季節性：27，58，60，146
結球レタス：120
キャベツ：98
キュウリ：81
郷土料理：130
きょうの料理：40
近郊園芸：12，15
金時：104，130
業務・加工：79，87，89，90，92，
　　100，102，105，113，144
業務需要：21，84
グリーンアスパラガス：123
グリーンボール：100
コウサイ：128，135

香辛・調味野菜：27, 69, 125, 134
購入額：52
購入量：52
高糖度トマト：111
高度経済成長期：15, 25, 41, 54
小売：144
国際化：64, 149
国民料理：130, 151
小ネギ：88, 135
ゴボウ：92
コマツナ：93, 130
ゴーヤ：130
コンビニ社会：153

さ行

作型：21, 76, 122, 124
サトイモ：89
雑種：86
サラダ：35, 39, 41, 46, 72
サラダ商材 67, 112
サラダナ：120
サワー系：100
三種の神器：41
産地リレー：12, 62
サンチュ：121
山野草：26
ししとうがらし：114
市場隔離：62, 100
施設栽培：20, 67
指定産地：16
指定消費地域 16

指定野菜：16
出荷規格：17, 84
シュウ酸：87
終戦：24, 37
周年消費：146
周年生産：14
旬：58
ショウガ：134
消費：144, 151
消費低迷期：25, 44, 54
食育：19
食育基本法：151
食生活：2, 50, 151
食の外部化：148
食品標準成分表：17, 58
食料安定期：34
所得弾性値：17
白いぼ：5, 82
新奇性：46
新野菜：15, 18, 126
スイカ：139
ずいき：89
ズッキーニ：127
スナップエンドウ：127
スプラウト：128
スーパーマーケット：16
生産：144
清浄野菜：39, 120
生態育種：21
西洋種：85, 104

西洋ニンジン：104
西洋野菜：31
西洋料理：4, 28, 64, 134
生理機能性：21, 153
セル成型苗：21
セルリー：123
戦後復興期：14
仙台白菜：96
総合防除技術：21
促成栽培：67
蔬菜：2

た行

大正時代：24
第1次流通革命：42
ダイコン：76
第2次流通革命：44
ダイニングキッチン：25
ダイニングテーブル：25
タマネギ：100
多様化：46, 71, 146
ちしゃ：119
チッコリー：127
地方品種：69, 76, 80, 88, 90, 91, 93, 130
地方野菜：69, 130
中華料理：4, 134
中国野菜：18, 69, 126
卓袱台：33
抽苔：20, 78, 104
チンゲンサイ：126

ツケナ類：93
漬物：31, 72, 79, 81, 82, 93, 97
低温流通：15
デザート野菜：69, 138
トウガラシ：114, 134
東洋種：85, 104
トマト：105
渡来時期：8

な行

中食：18, 50, 130
ナス：79
鍋物商材：66, 88, 97
軟白物：27
日本園芸発達史：13
日本型食生活：151
日本の食生活全集：12, 31, 36
日本料理：3, 64
ニンジン：103
ニンニク：134
ネギ：87
根深ネギ：88

は行

ハクサイ：94
パクチョイ：126
箱膳：33
パセリ：135
初もの：58
葉ネギ：88
ハーブ類：135

バブルの隆盛と崩壊：17, 19, 25, 43, 54
パプリカ：115
早出し：10, 58
春系：100
品種の単一化：70
品種の転換：71
ピーマン：114
ファーストフード：4, 153
ファッション性：46
複合汚染：17
プラザ合意：19
プラスチックフィルム：19
フルーツトマト：111
ブルームレス：5, 83
ブロッコリー：121
プロパンガス：41
べたがけ：62
ベビーリーフ：128
変動係数：55, 60
飽食の時代：18, 43, 136
ホウレンソウ：85
細ネギ：88, 135
ホールトマト：111
ホワイトアスパラガス：123
本物志向：46
ポンデローザ：108

ま行

マクワウリ：138
ミズナ：93, 130
水煮トマト：111
ミニトマト：111
明治時代：10, 24
明治大正史　世相篇：33
芽芋（根芋）：27, 89
芽物：27, 128
メロン：138
桃色系：108
モヤシ：128
モロヘイヤ：128

や行

八百屋：16
焼畑：89, 91
薬味：88
有機栽培：21
輸出：150
輸送園芸：12, 15
輸入：19, 64, 88, 90, 92, 103, 105, 111, 113, 118, 122, 123, 150
養液栽培：21
洋菜：10, 15, 39, 68, 99, 101, 114, 117, 127
洋種系：91
洋食：24, 29, 33, 101

ら行

流通：144, 149
料理書：24
料理物語：9, 24
リーフレタス：121

ルッコラ：127
レタス：119
ロケット（ロケットサラダ）：127

わ行

和種系：91

英数字

F_1（一代雑種）品種：13, 19
5 A DAY 運動：151

| JCOPY <（社）出版者著作権管理機構 委託出版物> |

2013   2013年8月31日 第1版発行

食生活の中の野菜

|著者との申し合せにより検印省略|

著　作　者　施 山 紀 男（せ やま のり お）

Ⓒ著作権所有

発　行　者　株式会社　養 賢 堂
　　　　　　代　表　者　及 川　清

定価（本体2000円＋税）

印　刷　者　株式会社　三 秀 舎
　　　　　　責　任　者　山 本 静 男

発 行 所　〒113-0033 東京都文京区本郷5丁目30番15号
　　　　　株式会社 養賢堂
　　　　　TEL 東京(03)3814-0911　振替00120-7-25700
　　　　　FAX 東京(03)3812-2615
　　　　　URL http://www.yokendo.co.jp/
　　　　　ISBN978-4-8425-0518-3　C3061

PRINTED IN JAPAN　　　　　製本所　株式会社三秀舎

本書の無断複写は著作権法上での例外を除き禁じられています。
複写される場合は、そのつど事前に、（社）出版者著作権管理機構
（電話 03-3513-6969、FAX 03-3513-6979、e-mail: info@jcopy.or.jp）
の許諾を得てください。